No Gods Live Here

No Gods Live Here

Selected Poems

Conceição Lima

Translated from the Portuguese
by Shook

PHONEME
MEDIA

DEEP
VELLUM

DALLAS, TEXAS

Phoneme Media, an imprint of Deep Vellum Publishing
3000 Commerce St., Dallas, Texas 75226
deepvellum.org · @deepvellum

Deep Vellum is a 501c3 nonprofit literary arts organization founded in 2013 with the mission to bring the world into conversation through literature.

Support for this publication has been provided in part by grants from the National Endowment for the Arts, the Texas Commission on the Arts, the City of Dallas Office of Arts and Culture, the Communities Foundation of Texas, and the Addy Foundation.

Funded by the DGLAB/Culture and the Camões, IP – Portugal

Paperback ISBN: 978-1-64605-332-2 | Ebook ISBN: 978-1-64605-333-9

LIBRARY OF CONGRESS CONTROL NUMBER: 2023053536
Names: Lima, Conceição, 1961- author. | Shook, David (Poet), translator.
Title: No gods live here : selected poems / Conceição Lima, translated from the Portuguese by Shook.
Description: First US edition. | Dallas, Texas : Phoneme Media, Deep Vellum, 2024.
Identifiers: LCCN 2023053536 (print) | LCCN 2023053537 (ebook) | ISBN 9781646053322 (trade paperback) | ISBN 9781646053339 (ebook)
Subjects: LCSH: Lima, Conceição, 1961---Translations into English. | LCGFT: Poetry.
Classification: LCC PQ9948.9.L56 N6 2024 (print) | LCC PQ9948.9.L56 (ebook) | DDC 869.1/5--dc23/eng/20240205
LC record available at https://lccn.loc.gov/2023053536
LC ebook record available at https://lccn.loc.gov/2023053537

Cover design by Chad Felix
Interior layout and typesetting by KGT

Contents

De *O País de Akendenguê* / From *The Country of Akendenguê* (2011)

Os Fantasmas Elementares / Elemental Ghosts

170 *Quando Florirem Salambás no Tecto do Pico /*
When Velvet Tamarinds Flower on Pico São Tomé (2014) 171

Novos Poemas / New Poems

What Was This Kingdom that We Planted?

A TRANSLATOR'S INTRODUCTION TO CONCEIÇÃO LIMA'S
POETRY OF SÃO TOMÉ AND PRÍNCIPE

Nestled off the Bight of Biafra, in the Gulf of Guinea, the island nation of São Tomé and Príncipe consistently makes the list of the world's least visited countries. Unlike many of its fellow list members, it is a peaceful, multiparty democracy, with abundant natural beauty and pristine beaches. The second-smallest African nation after the Seychelles, it is also the smallest Portuguese-speaking country in the world. Uninhabited until it was discovered by Portuguese explorers in about 1470, it was then forcefully populated with West African slaves, whose labor enabled the colony's elite to develop the world's most profitable and best quality cacao. Slavery was abolished in Portugal's African colonies in 1869, though life for most of the island's African population did not improve much. Just over a century later, in 1975, São Tomé and Príncipe achieved its independence from Portugal, the culmination of a movement that had begun in earnest in the late 1950s.

Relative to its population, São Tomé has produced an impressive number of noteworthy poets, from Caetano da Costa Alegre, a precocious poet and medical doctor who died in Lisbon of tuberculosis at age twenty-five in 1890, to Francisco José Tenreiro, a professional geographer who began publishing in the late 1930s in Lisbon to Alda do Espírito Santo, widely regarded as "the mother of the nation," a poet and revolutionary who worked in the Santomean government following her successful involvement in lobbying for the nation's independence. Born in 1961, Conceição Lima emerged from this legacy, publishing her first book of poems, *The Womb of the House*, in 2004. Over the next two decades Lima would go on to publish three additional collections of poetry as well as a recent volume of nonfiction, cementing her reputation as heiress to Aimé Césaire, daughter of Sophia de Mello Breyner Andresen, and contemporary of Paula Tavares.

Over the course of her body of work, Conceição Lima has developed and nurtured a highly localized imagery of São Tomé. One of her work's most distinctive qualities is its ability to conjure context—both geographical and historical—without overburdening the lyricism of her poetry. Indeed, the cultural and geographical specificity of Lima's poetry are not incidental, but intrinsic to its lyricism. Because of this, successfully rendering her work in English means successfully evoking place, and as her translator I felt responsible to develop both a knowledge of and connection to that place. A 2017 Translation Fellowship from the National Endowment for the Arts enabled me to travel to São Tomé and Príncipe for a month, during which Lima and I met each afternoon. Over espresso, cheap YES!-brand cigarettes imported from Angola, and an occasional omelet à modo da terra, we discussed poetry and life, occasionally breaking into recitation of lines by Amílcar Cabral, Alda do Espírito Santo, Frankétienne, Nicolás Guillén, Jorge Lauten, and Raúl Zurita.

In the mornings, I traversed the island, often on the back of the capital's ubiquitous moto-taxis, making conversation with as wide a range of Santomeans as possible. I saw Pico Cão Grande, a volcanic plug peak on the south of the island, emerging 2,175 feet from a break in the orderly lines of oil palms like an alien spike hammered upward through the earth, its top third shrouded in perpetual fog. I visited the decaying plantation at Monte Café, once the epitome of Portuguese cacao production technology, its historical facilities abandoned like many of São Tomé's colonial era buildings. I drank morning palm wine with Angolares in São João, savored steaming calulu ladled from ubaga téla, and ate the fish I had watched the fishermen spill from their nets at dusk. I crisscrossed the Água Grande and spoke to the women doing laundry in a creek near Praia Micondó. I witnessed an intrepid man line fishing atop the wet basalt of Boca do Inferno—from a distance it looked like he was dancing with an invisible marionette. I considered the legendary vengeance of the shipwrecking Sete Pedras and silently paced the museum at the sixteenth-century Forte de São Sebastião, a memorial to the technologies that facilitated Portuguese cruelty. Using Lima's poetry as my guidebook and assisted primarily by the local friends I made walking the streets of the laid-back capital, I soaked up as much of the Santomean experience as I could as a guest among gracious hosts.

In the case of São Tomé and Príncipe in particular, place—the land itself—and person—the body, the source and medium of the lyric mode—are intrinsically linked: the islands' development was dependent on the brutal subjugation of people displaced from the Slave Coast of West Africa. Lima's poetry returns to this connection again and again, to viscerally describe a present-day geography inseparable from the systemic atrocities of its historical foundations, "the blood clots that splotch / the fiber of the landscape." In early poems like "Plantation" she evokes the forced labor of her ancestors, whose Black bodies were forcibly sacrificed to establish São Tomé and Príncipe as the Portuguese imagined it, a wealth-generating machine indifferent to the loss of those their moral system categorized as subhuman:

The dead ask:

Why do roots sprout from our feet?

Why do the petals of the cacao trees
insist on bleeding
on our nails?

What was this kingdom that we planted?

❦

As I translated the poems in this volume, I was aided in my efforts by the poet herself, whose facility with English I often suspected surpassed my own. In conversation, we would drift between English, Portuguese, and Spanish, which I grew up speaking and would often unconsciously lapse into when particularly impassioned. This volume's endnotes provide readers with information we wanted to include without interrupting their experience of the poems. In December 2022, I returned to São Tomé to review the entire manuscript with Conceição. During that time, I translated a few representative poems we felt were missing, alongside several that have yet to appear in print in any language.

Broadly speaking, the vision of Africa that predominates the Anglosphere's imagination continues to flatten and dehumanize the continent. Conrad's *Heart of Darkness* and the Stanley-Livingstone tradition of "discovery" and proselytization loom large, reinforced by the trauma porn imagery of the international development system's fundraising machine and the perpetual tragedy reportage of the news media. In this context, contemporary literature written by Africans, whether intended primarily for a local audience or written in conversation with the panoply of world literature, functions as an urgent counterweight to imposed narratives. While writers from English-speaking countries in East and West Africa have gained increasing visibility over the past decade—prominent examples include Jennifer Nansubuga Makumbi from Uganda and Nana Brew-Hammond from Ghana—most African literature, whether in established Western modes or the oral tradition, requires literary translation to serve as its intermediary to English-language readers, whose general ignorance of the continent's diverse cultures, landscapes, and languages makes translating the culturally and geographically specific a particular challenge.

Africa today is home to fifty-five nation-states and over 2,100 living languages. According to the *Publishers Weekly* Translation Database, the most exhaustive such resource presently available, nine book-length translations of sub-Saharan poetry have been published since 2008, and only one from Portuguese. In this dire context, the publication of Conceição Lima's selected poetry is a rare triumph. I believe she ranks among our most crucial contemporary poets in any language. Her lyricism is at turns awe inspiring and heartbreaking, and her poetry's grounding in São Tomé's particular landscape has the potential to radically update the West's predominant imaginary of Africa, offering a more dynamic, more fully human vision of today and celebrating the natural beauty of the landscape and the

resilience of the human spirit without ever divorcing these from the histori-
cal atrocities that established the ecdemic structure of today's nation-states.
Broadening her international readership, particularly in the languages and
cultures of the countries that continue to engage with Africa's many peo-
ples in predominantly extractive and exploitative modes, is essential, and
the literary translation of her work plays a key role in that endeavor.

One of the great honors of my life, as both a poet and a human, has
been the opportunity to serve as her translator and to become her friend.
Lima's work, both proudly Santomean and resolutely universal, enriches
our canon. Her poetry walks the same furrows tilled by her ancestors, as in
these haunting lines from "Afroinsularity," which I will forever carry in my
memory:

> And there were living footprints in the fields slashed
> like scars—each coffee bush now exhales a
> dead slave.

Shook
Newt Beach, California

13

De *O Útero da Casa*
(2004)

From *The Womb of the House*
(2004)

Mátria

Quero-me desperta
se ao útero da casa retorno
para tactear a diurna penumbra
das paredes
na pele dos dedos reviver a maciez
dos dias subterrâneos
os momentos idos

Creio nesta amplidão
de praia talvez ou de deserto
creio na insónia que verga
este teatro de sombras

E se me interrogo
é para te explicar
riacho de dor cascata de fúria
pois a chuva demora e o obô entristece
ao meio-dia

Não lastimo a morte dos imbondeiros
a Praça viúva de chilreios e risonhos dedos

Um degrau de basalto emerge do mar
e na dança das trepadeiras reabito
o teu corpo
templo mátrio
meu castelo melancólico
de tábuas rijas e de prumos

Motherland

I want to be awake
if I return to the home's womb
to touch the daytime penumbra
of its walls
to relive, on the skin of my fingers, the softness
of subterranean days
moments gone by

I believe in this vastness
of beach perhaps or desert
I believe in the insomnia that twists
this theater of shadows

And if I question myself
it is to make sense of you
current of pain waterfall of rage
since the rain lingers and the obô saddens
at midday

I do not regret the death of the baobabs
the Plaza widowed of birdsong and laughing fingers

A basalt step emerges from the sea
and in the vines' dance I reenter
your body
beloved temple
my melancholy castle
of stiff boards and plumbs

A Casa

Aqui projectei a minha casa:
alta, perpétua, de pedra e claridade.
O basalto negro, poroso
viria da Mesquita.
Do Riboque o barro vermelho
da cor dos ibiscos
para o telhado.
Enorme era a janela e de vidro
que a sala exigia um certo ar de praça.
O quintal era plano, redondo
sem trancas nos caminhos.
Sobre os escombros da cidade morta
projectei a minha casa
recortada contra o mar.
Aqui.
Sonho ainda o pilar —
uma rectidão de torre, de altar.
Ouço murmúrios de barcos
na varanda azul.
E reinvento em cada rosto fio
a fio
as linhas inacabadas do projecto.

House

Here I planned my house:
tall, permanent, made of stone and light.
Porous, black basalt
brought from Mesquita.
From Riboque, red clay
the color of hibiscus
for the roof.
The window was enormous, and all glass
as the living room demanded the open air of a plaza.
The courtyard was flat, round
no bars blocked its pathways.
Atop the ruins of the dead city
I designed my house
silhouetted against the sea.
Here.
I still dream of the pillar—
upright as a tower, an altar.
I hear the murmurs of boats
on the blue veranda.
And on every face I retrace line
by line
the unfinished contours of the project.

A Herança

Sei que buscas ainda
o secreto fulgor os dias
anunciados.
Nada do que te recusam
devora em ti
a memória dos passos calcinados.
É tua casa este exílio
este assombro esta ira.
Tuas as horas dissipadas
o hostil presságio
a herança saqueada.
Quase nada.
Mas quando direito e lúgubre
marchas ao longo da Baía
um clamor antigo
um rumor de promessa
atormenta a Cidade.
A mesma praia te aguarda
com seu ventre de fruta e de carícia
seu silêncio de espanto e de carência.
Começarás de novo, insone
com mãos de húmus e basalto
como quem reescreve uma longa profecia.

Inheritance

To Pépé and to Rufino

I know that you still seek
the secret glow the days
heralded.
Nothing they refuse you
devours
the memory of your calcined steps.
It's your house, this exile
this wonder this rage.
Yours the squandered hours
the hostile omen
the plundered inheritance.
Almost nothing.
But when you walk
straight and bleak
along the Bay
an ancient clamor
the rumor of a promise
torments the City.
The same beach awaits you
with its belly of fruit and caresses
its silence of fright and scarceness.
You will start again, sleepless
hands made of humus and basalt
like one who transcribes a long prophecy.

Os Heróis

Na raiz da praça
sob o mastro
ossos visíveis, severos, palpitam.
Pássaros em pânico derrubam trombetas
recuam em silêncio as estátuas
para paisagens longínquas.
Os mortos que morreram sem perguntas
regressam devagar de olhos abertos
indagando por suas asas crucificadas.

Heroes

At the base of the plaza
beneath the flagpole
visible bones, severe, throb.
Panicked birds drop their trumpets
the statues retreat in silence
toward distant landscapes.
The dead who died without questions
return slowly with open eyes
asking for their crucified wings.

1975

À geração da Jota

E quando te perguntarem
responderás que aqui nada aconteceu
senão na euforia do poema.

Diz que éramos jovens éramos sábios
e que em nós as palavras ressoavam
como barcos desmedidos.

Diz que éramos inocentes, invencíveis
e adormecíamos sem remorsos sem presságios.
Diz que engendramos coisas simples perigosas:
caroceiros em flor
uma mesa de pedra a cor azul
um cavalo alado de crinas furiosas.

Oh, sim! Éramos jovens, terríveis
mas aqui — nunca o esqueças — tudo aconteceu
nos mastros do poema.

1975

To the J Generation

And when they ask you
you will answer that nothing happened here
except in the euphoria of the poem.

Say that we were young we were wise
and that words resonated in us
like unmoored boats.

Say that we were innocent, invincible
and fell asleep with no sense of remorse or foreboding.
Say that we engendered simple dangerous things:
caroceiros in bloom
a table of blue stone
a winged horse with its furious mane.

Oh, yes! We were young, terrible
but here—never forget it—everything happened
within the masts of the poem.

Ilha

Em ti me projecto
para decifrar do sonho
o começo e a consequência.
Em ti me firmo
para rasgar sobre o pranto
o grito da imanência.

Island

I project myself on you
to decipher the start and outcome
of my dream.
I steady myself in you
to tear immanence's shriek
over this crying.

Sabemos Agora

Sabemos agora que a Praça é minúscula.
A extensão da nossa espera
nunca coube em tais limites.

We Now Know

We now know that the Plaza is minuscule.
The breadth of our waiting
never fit within such limits.

Mostra-Me o Sangue da Lua

Mostra-me o sangue da lua
agora que os mortos repousam
em arcas marinhas
abertas.

Mostra-me o sangue da lua
agora que a praia cuspiu
a náusea do mar
e o nojo das rochas
petrifica os gritos que não ouvi.

Mostra-me o sangue
o sangue e as veias da lua
quando as línguas decepadas
ressuscitarem
em Fernão Dias no mês de Fevereiro.

Show Me the Moon's Blood

Show me the moon's blood
now that the dead rest
in open
sea chests.

Show me the moon's blood
now that the beach spit out
the sea's nausea
and the rocks' revulsion
petrifies the shouts I didn't hear.

Show me the blood
the blood and the veins of the moon
when severed tongues
resurrect
on Fernão Dias Beach in the month of February.

Roça

Perguntam os mortos:

Porque brotam raízes dos nossos pés?

Porque teimam em sangrar
em nossas unhas
as pétalas dos cacaueiros?

Que reino foi esse que plantámos?

Plantation

The dead ask:

Why do roots sprout from our feet?

Why do the petals of the cacao trees
insist on bleeding
on our nails?

What was this kingdom that we planted?

Proposta

Apaguem os canaviais, os cacauzais, os cafezais
Rasurem as roças e a usura de seus inventores
Extirpem a paisagem da verde dor de sua íris
E eu vos darei uma narrativa obliterada
Uma esparsa nomenclatura sedenta de heróis

Proposal

Erase the rows of cane, coffee, and cacao
Scour the plantations and the usury of their inventors
Eradicate the green pain in the landscape's iris
And I will give you an obliterated tale
A sparse nomenclature parched for heroes

Afroinsularidade

Deixaram nas ilhas um legado
de híbridas palavras e tétricas plantações,
engenhos enferrujados proas sem alento,
nomes sonoros aristocráticos
e a lenda de um naufrágio nas Sete Pedras

Aqui aportaram vindos do Norte
por mandato ou acaso ao serviço do seu rei:
navegadores e piratas,
negreiros, ladrões, contrabandistas,
simples homens,
rebeldes proscritos também
e infantes judeus
tão tenros que feneceram
como espigas queimadas.

Nas naus trouxeram
bússolas, quinquilharias, sementes,
plantas experimentais, amarguras atrozes,
um padrão de pedra pálido como o trigo
e outras cargas sem sonhos nem raízes
porque toda a ilha era um porto e uma estrada,
sem regresso,
todas as mãos eram negras forquilhas e enxadas.

E nas roças ficaram pegadas vivas
como cicatrizes — cada cafeeiro respira agora um
escravo morto.

Afroinsularity

They left the islands a legacy
of hybrid words and gloomy plantations,
rusted mills, breathless sterns,
sonorous aristocratic names,
and the legend of a shipwreck on Sete Pedras.

They arrived here from the North
by mandate or by chance, in the service of their king:
navigators and pirates,
slavers, thieves, smugglers,
simple men,
rebellious outcasts too,
and Jewish infants
so tender they withered
like burnt ears of corn.

On the ships they brought
compasses, trinkets, seeds,
experimental plants, atrocious sorrows,
a standard of stone pale as wheat,
and other dreamless, rootless cargos,
because the entire island was a port and a dead-end road.
All its hands were black pitchforks and hoes.

And there were living footprints in the fields slashed
like scars—each coffee bush now breathes a
dead slave.

And on the islands they were
bold: arrogant statues on street corners,

E nas ilhas ficaram
incisivas: arrogantes estátuas nas esquinas,
cento e tal igrejas e capelas
para mil quilómetros quadrados
e o insurrecto sincretismo dos paços natalícios.
E ficou a cadência palaciana daússua,
o aroma do alho e do zêtê d'óchi
no tempi e na ubaga tela
e no calulu o louro misturado ao óleo de palma
e o perfume do alecrim
e do mlajincon nos quintais dos luchans.

E aos relógios insulares se fundiram
os espectros — ferramentas do império
num estrutura de ambíguas claridades
e seculares condimentos,
santos padroeiros e fortalezas derrubadas,
vinhos baratos e auroras partilhadas.

Às vezes penso em suas lívidas ossadas,
seus cabelos podres na orla do mar.
Aqui, neste fragmento de África
onde, virado para o Sul,
um verbo amanhece alto
como uma dolorosa bandeira.

a hundred or so churches and chapels
for a thousand square kilometers,
and the insurgent syncretism of roadside Christmas shrines.
And there was the palatial cadence of the ússua,
the scent of garlic and zêtê dóchi
on the témpi and the ubaga téla,
and in the calulu, bay leaves blended with palm oil
and the perfume of rosemary and basil
from the gardens on our family land

And the specters, tools of empire,
melted into the insular clocks,
in a structure of ambiguous clarities
and secular condiments,
patron saints and toppled fortresses,
cheap wines and shared dawns.

At times I think of their pallid skeletons,
their hair putrid at the edge of the sea.
Here, in this fragment of Africa
where, facing the South,
a word rises high
like a painful flag.

Mural

Todo o arquipélago é um deserto.
Surdo sem olhos
crivado de frio e dedos mortos.
As árvores e os frutos
fugiram para o Sul
num galope de remorso
abraçados ao vento.
Seguiram-se as borboletas
loucas esguedelhadas
papagaios multicores alucinados
um falcão real envolto em lianas.
Arqueja luto o coração do mar
relampeja verde o coração do mar
e uma andorinha tresluz decepada
na esquina breve do teu rosto.

Londres, 18 de Outubro de 1999

Mural

All the archipelago is a desert.
Deaf with no eyes
riddled with cold and dead fingers.
The trees and fruits
fled to the South
in a gallop of remorse
clung to the wind.
The butterflies followed
mad disheveled
frenzied multicolored parrots
a royal falcon wrapped in lianas.
The heart of the sea gasps in mourning
the heart of the sea flashes green
and a backlit swallow clipped
on the concise corner of your face.

London, October 18th, 1999

Em Santana

Em Santana
É a limpidez do mar que esconjura
O hálito das palmeiras mortas

Mora no cantar dos búzios um som de vigília
E na veemência das ondas
A indelével lembrança dos deuses
Desterrados

Em Santana, noite e dia
A praia é um corpo erguido que se amotina.

In Santana

In Santana
It's the clarity of the sea that casts out
The breath of dead palms

A tinge of vigilance dwells in the cowrie's song
And in the wave's vehemence
The indelible memory of gods
In exile

In Santana, night and day
The beach is a risen body, mid-mutiny.

Antes do Poema

I

Quando o luar caiu
e tingiu de magia os verdes da ilha
cheguei, mas tu já não eras.
Cheguei quando as sombras revelavam
os murmúrios do teu corpo
e não eras.
Cheguei para despojar de limites
o teu nome.
Não era.
As nuvens estão densas de ti
sustentam a tua ausência
recusam o ocaso do teu corpo
mas não és.

Pedra a pedra encho a noite
do teu rosto sem medida
para te construir convoco os dias
pedra a pedra
no tempo que te consome.
As pedras crescem como vagas
no silêncio do teu corpo.
Jorram e rolam
como flores violentas
no silêncio do teu corpo.
E sangram. Como pássaros exaustos.
A noite e o vento se entrelaçam
no vazio que te espera.

Before the Poem

I

When the moonlight fell
and tinged the island's greens with magic
I arrived, but you were no longer.
I arrived when the shadows revealed
the murmurs of your body
and you were not.
I arrived to strip the limits from
your name.
It was not.
The clouds are dense with you
they sustain your absence
refuse the darkness of your body
but it is not.

Stone by stone I fill the night
with your measureless face
to build you I convoke the days
stone by stone
in the time that consumes you.
The stones grow like waves
in the silence of your body.
They gush and roll
like violent flowers
in the silence of your body.
And they bleed. Like exhausted birds.
The night and the wind intertwine
in the void that awaits you.

II

Súbito chegaste
quando falsos deuses subornavam
o tempo.
Chegaste para despedir
a insónia e o frio
chegaste sem aviso
quando a estrada se abria
como um rio
chegaste para resgatar
sem demora o princípio.
Grave o silêncio rodeia o teu corpo
hostil o silêncio agarra teu corpo.
Mas já tomaste horas caminhos
já venceste matos e abismos
já a espessura do obô
resplandece em tua testa.
E não bastam pombas em demência
no teu rosto
não bastam consciências soluçantes
em teu rasto
não basta o delírio das lágrimas libertas.

Eu cantarei em pranto
teu regresso sem idade
teu retorno do exílio na saudade
cantarei sobre a terra
teu destino de rebelde.

II

You arrived suddenly
when false gods bribed
time.
You arrived to bid farewell
to insomnia and cold
you arrived without warning
when the road opened
like a river
you arrived to rescue
the beginning without delay.
Grave silence surrounds your body
hostile silence grips your body.
But you already took hours paths
you already defeated thickets and abysses
already the obô's density
gleams on your brow.
And demented doves are not enough
on your face
sobbing consciences are not enough
in your trace
the delirium of unfettered tears is not enough.

I will sing wailing
your ageless return
your return from exile in longing
I will sing over the earth
your rebel's destiny.

Para te saudar no mar e no palmar
na manhã do canto sem represas
cantarei a praia lisa e o pomar.

Direi teu nome e tu serás.

To greet you in the sea and in the palm tree
in the morning of the undammed song
I will sing the smooth beach and the orchard.

I will say your name and you will be.

Seiva

Dos dedos longos da palmeira
o leite escorre exausto incessante

Hoje todos os dias são puros
no verde tronco acocorado

Não nego a metamorfose da folha
se digo que nenhum enigma escurece
os destroços da seiva que renasce

Sap

To my grandmother, Domingas

From the long fingers of the palm tree
milk flows exhausted incessant

Today all days are pure
in the cowered green trunk

I don't deny the metamorphosis of the leaf
if I say that no enigma dims
the debris of sap reborn.

De *A Dolorosa Raiz do Micondó*
(2006)

From *The Painful Root of the Micondó*
(2006)

Canto Obscuro às Raízes

Em Libreville
não descobri a aldeia do meu primeiro avô.

Não que me tenha faltado, de Alex,
a visceral decisão.
Alex, obstinado primo,
Alex, cidadão da Virgínia,
que ao olvido dos arquivos
e à memória dos griots Mandinga
resgatou o caminho para Juffure,
a aldeia de Kunta Kinte —
seu último avô africano,
primeiro na América.

Digamos que o meu primeiro avô,
meu último continental avô,
que da margem do Ogoué foi trazido
e à margem do Ogoué não tornou decerto,

O meu primeiro avô,
que não se chamava Kunta Kinte
mas, quem sabe, talvez, Abessole,

O meu primeiro avô,
que não morreu agrilhoado em James Island
e não cruzou, em Gorée, a porta do inferno,

Ele que partiu de tão perto, de tão perto,
ele que chegou de tão perto, de tão longe,

Dark Song to My Roots

In Libreville
I did not find my first grandfather's village.

Not that I had lacked, from Alex,
the visceral resolve.
Alex, obstinate cousin,
Alex, citizen of Virginia,
who in the oblivion of archives
and memory of Mandinga griots
uncovered the path to Juffureh,
the village of Kunta Kinte—
his last African grandfather,
the first in America.

Let's say that my first grandfather,
my last continental grandfather,
who was brought from the banks of the Ogooué
and who, it's true, never returned to the banks of the Ogooué,

My first grandfather,
who wasn't named Kunta Kinte
but, who knows, perhaps Abessole,

My first grandfather,
who did not die in shackles on James Island
and did not pass, in Gorée, through the gates of hell,

He who departed from so nearby, from so nearby,
he who arrived from so nearby, from so far away,

Ele que não fecundou a solidão
nas margens do Potomac,

Ele que não odiou a brancura dos algodoais,

Ele que foi sorvido em chávenas de porcelana,
ele que foi compresso em doces barras castanhas,
ele que foi embrulhado em chiques papéis de prata,
ele que foi embalado para presente em caixinhas,

O meu concreto avô,
que não se chamava Kunta Kinte
mas talvez, quem sabe, Abessole,

O meu oral avô
não legou aos filhos
dos filhos dos seus filhos
o nativo nome do seu grande rio perdido.

Na curva onde aportou
a sua condição de enxada,
no húmus em que atolou
a sua acossada essência
no abismo que saturou
de verde a sua memória,
as águas melancolizam como fios,
desabitadas por pirogas e hipopótamos.

São assim os rios das minhas ilhas
e por isso eu sou a que agora fala.

Brotam como atalhos os rios
da minha fala
e meu trazido primeiro avô

He who did not fertilize the solitude
on the banks of the Potomac,

He who did not hate the whiteness of cotton fields,

He who was sipped from porcelain cups,
he who was pressed into sweet brown bars,
he who was wrapped in chic silver foil,
he who was gift boxed,

My actual grandfather,
who wasn't named Kunta Kinte
but perhaps, who knows, Abessole,

My oral grandfather
did not leave the children
of his children's children
the native name of his great lost river.

In the sharp bend where
he had been anchored, a hoe himself,
in the humus where
his harried essence was mired
in the abyss that soaked
his memory in green,
the waters grow melancholy like threads,
uninhabited by canoes and hippopotamuses.

The rivers of my islands are that way
and that is why I am the one now speaking.

The rivers of my speech
well up like shortcuts
and my brought first grandfather

(decerto não foi Kunta Kinte,
porventura seria Abessole)
não pode ter inventado no Água Grande
o largo leito do seu Ogoué.

Disperso num azul sem oásis,
talvez tenha chorado meu primeiro avô
um livre, longo, inútil choro.

Terá confundido com um crocodilo
a sombra de um tubarão.

Terá triturado sem ilusão
a doçura de um naco de mandioca.
Circunvagou nas asas de um falcão.

Terá invejado a liquidez de caudas e barbatanas
enquanto o limo dos musgos sequestrava os seus pés
e na impiedosa lavra de um vindouro tempo
emergia uma ambígua palavra
para devorar o tempo do seu nome.

Aqui terá testemunhado
o esplendor do pôr do sol, o luar, o arco-íris.

Decerto terá pressentido a calidez dos pingos
nas folhas das bananeiras.
E terá sofrido no Equador o frio da Gronelândia.

Mas não legou aos estrangeiros filhos
e aos filhos dos filhos dos estrangeiros filhos
o nativo nome do seu grande rio perdido.

(it was certainly not Kunta Kinte,
maybe Abessole)
could not have conjured the broad riverbed of his Ogooué
from the Água Grande.

Scattered in an oasisless blue,
perhaps my first grandfather cried
a long, free, useless cry.

He might have confused the shadow of a shark
with a crocodile.

He might have dully gnawed
the sweetness from a chunk of manioc.
He wandered on the wings of a falcon.

He might have envied the fluidity of tails and fins
while the slime of the moss overtook his feet
and an ambiguous word emerged
from the merciless tilling of a coming time
to devour the era of his name.

Here he would have witnessed
the splendor of the sunset, the moonlight, the rainbow.

Certainly he would have sensed the warmth of the drops
on the banana tree's leaves.
And even here, on the equator, he would have ached with the chill of
    Greenland.

But he did not leave his foreign children
and the children's children of his foreign children
the native name of his great lost river.

Por isso eu, a que agora fala,
não encontrei em Libreville o caminho para a aldeia de Juffure.

Perdi-me na linearidade das fronteiras.

E os velhos griots,
os velhos griots que detinham os segredos
de ontem e de antes de ontem,

Os velhos griots que pelas chuvas contavam
a marcha do tempo e os feitos da tribo,

Os velhos griots que dos acertos e erros
forjavam o ténue balanço,

Os velhos griots que da ignóbil saga
guardavam um recto registo,

Os velhos griots que na íris da dor
plantaram a raiz do micondó
partiram,
levando nos olhos o horror
e a luz da sua verdade e das suas palavras.

Por isso eu que não descobri o caminho para Juffure,
eu que não dançarei sobre o pó da aldeia do meu primeiro avô,
meu último continental avô,
que não se chamava Kunta Kinte mas talvez, quem sabe, Abessole,

Eu que em cada porto confundi o som da fonte submersa
encontrei em ti, Libreville, o injusto património a que chamo casa:
estas paredes de palha e sangue entrançadas,
a fractura no quintal, este sol alheio à assimetria dos prumos,
a fome do pomar intumescida nas gargantas.

That's why I, the one speaking now,
did not discover the path to the village of Juffureh in Libreville.

I got lost in the linearity of borders.

And the old griots,
the old griots who held the secrets
of yesterday and before yesterday,

The old griots who used the rains to mark
the march of time and the history of the tribe,

The old griots who forged the tenuous balance
of mistakes and successes,

The old griots who protected a righteous record
of the ignoble saga,

The old griots who planted the micondó's root
in pain's very iris
departed,
carrying in their eyes the horror
and the light of their truth and of their words.

That's why I, who did not discover the path to Juffureh,
I, who will not dance in the dust of the village of my first grandfather,
my last continental grandfather,
who wasn't named Kunta Kinte but perhaps, who knows, Abessole,

I, who in every port mistook the murmur of the underwater spring,
found in you, Libreville, the unjust patrimony I call home:
the walls of braided straw and blood,
the fractured courtyard, this sun indifferent to the asymmetry of the
    houses' stilts,
the hunger for the orchard swollen in every throat.

Por isso percorri os becos,
as artérias do teu corpo,
onde não fenecem arquivos,
sim palpita um rijo coração, o rosto vivo,
uma penosa oração, a insana gesta
que refunda a mão do meu pai,
transgride a lição de minha mãe
e narra as cheias e gravanas, os olhos e os medos,
as chagas e desterros, a vez e a demora,
o riso e os dedos de todos os meus irmãos e irmãs.

Que nenhum idioma nos proclame ilhéus de nós próprios —
vocábulo que não és
Mbanza Congo
mas podias ser,
que não és
Malabo,
poderias ser,
que não és
Luanda,
e podias ser,
que não és
Kinshasa
nem Lagos,
Monróvia não és, podias ser.

Nascente e veia, profundo ventre,
conheces a estrutura que sabota os ponteiros:
novos sobas, barcos novos, o conluio antigo.

E consomes a magreza dos celeiros
num bazar de retalhos e tumultos
Petit Paris!

That's why I traversed the alleyways,
the arteries of your body,
where records don't decay,
where a rugged heart does beat, a bright countenance,
a grim prayer, the mad gesture
that resurrects my father's hand,
disobeys my mother's teachings,
and tells of the floods and droughts, the eyes and fears,
the wounds and banishments, the time and the waiting,
the laughter and the fingers of every one of my brothers and sisters.

May no language proclaim us islands unto ourselves—
you are not the word
M'banza-Kongo
but you could be,
you are not
Malabo,
but you might be,
you are not
Luanda,
and you could be,
you are not
Kinshasa
nor Lagos,
you are not Monrovia, though you could be.

Spring and vein, deep womb,
you know the structure that sabotages the clock's hands:
new chieftains, new ships, ancient collusion.

And you devour the granary's leanness
in the hubbub of a junk bazaar,
Petit Paris!

onde tudo se vende, se anuncia,
onde as vidas baratas desistiram de morrer.

Medram quarteirões de ouro
nos teus poros — diurnos, desprevenidos.
Medra implacável o semblante das mansões.
Medram farpas na iníqua muralha
e um taciturno anel de lama em seu redor.

A chuva tem agora a cadência de um tambor,
outro silêncio se ergue
no vazio dos salões das *coiffeuses*.

E no rasto do tam-tam revelarei
o medo adolescente encolhido nas vielas,
beberei a sede da planta no teu grão.

Eu que trago deus por incisão em minha testa
e nascida a 8 de Dezembro
tenho de uma madona cristã o nome.

A neta de Manuel da Madre de Deus dos Santos Lima,
que enjeitou santos e madre,
ficou Manuel de Deus Lima, sumu sun Malé Lima,
ele que desafiou os regentes intuindo nação —
descendente de Abessole, senhor de abessoles.

Eu que encrespei os cabelos de san Plentá, minha três vezes avó,
e enegreci a pele de san Nôvi, a soberana mãe do meu pai,

Eu que no espelho tropeço
na fronte dos meus avós . . .

where everything's for sale, it's announced,
where cheap lives gave up on dying.

Gold ingots prosper
in your pores—by the light of the day, unawares.
The facade of manors relentlessly prospers.
The barbs on the iniquitous ramparts prosper,
surrounded by a mute ring of mud.

Now the rain has the cadence of a drum,
and another silence rises
from the emptiness of the coiffeuses.

And in the trail of the tam-tam I will uncover
the teenage fear cringing in the alleys,
I will drink up the thirst of the plant inside your seed.

I, who bear god—*deus*—like an incision on my forehead,
born December 8,
share my name with a Christian Madonna.

The granddaughter of Manuel da Madre de Deus dos Santos Lima,
who rejected saints and mother,
became Manuel de Deus Lima, sumu sun Malé Lima,
he who defied his foreign rulers by intuiting a nation,
descendent of Abessole, lord of abessoles.

I, who crimped the hair of san Plentá, my grandmother thrice over,
and blackened the skin of san Nôvi, my father's sovereign mother,

I, who stumble over my grandparents' brow
in the mirror . . .

Eu e o temor do batuque da puíta,
o terror e fascínio do cuspidor de fogo,

Eu e os dentes do pãuen que da costa viria me engolir,
eu que tão tarde descobri em minha boca os caninos
    do antropófago . . .

Eu que tanto sabia mas tanto sabia
de Afonso V o chamado Africano,
eu que drapejei no promontório do Sangue,
eu que emergi no paquete Império,
eu que dobrei o Cabo das Tormentas,
eu que presenciei o milagre das rosas,
eu que brinquei a caminho de Viseu,
eu que em Londres, aquém de Tombuctu,
decifrei a epopeia dos fantasmas elementares.

Eu e minha tábua de conjugações lentas,
este avaro, inconstruído agora,
eu e a constante inconclusão do meu porvir,

Eu, a que em mim agora fala.

Eu, Katona, ex-nativa de Angola,
eu, Kalua, nunca mais em Quelimane,
eu, nha Xica, que fugi à grande fome,
eu que libertei como carta de alforria
este dúbio canto e sua turva ascendência.

Eu nesta lisa, escarificada face,
eu e nossa vesga, estratificada base,
eu e a confusa transparência deste traço.

I and the fear of the puíta's drumming,
the terror and allure of the fire-eater,

I and the teeth of the voracious pãuen that would come up from the coast
    to swallow me,
I, so late to discover the cannibal's canines in my very own mouth . . .

I, who knew so much oh so much
about Afonso V, who they called the African,
I, who flapped like a flag over the Promontory of Blood,
I, who emerged from the steamship Império,
I, who rounded the Cape of Good Hope,
I, who witnessed the miracle of the roses,
I, who frolicked down the path to Viseu,
I, who in London, this side of Timbuktu,
deciphered the epic of our elemental ghosts.

I and my slow conjugation table,
this avaricious, still unfolding moment,
I and the constant inconclusiveness of my future,

I, the one now speaking in me.

I, Katona, ex-native of Angola,
I, Kalua, never again in Quelimane,
I, Nha Chica, who fled the great famine,
I, who freed this uncertain song and its cloudy ancestry
like a writ of emancipation.

I, on this flat, scarified face,
I and our cross-eyed, stratified land,
I and the puzzling transparency of these traces.

Eu que degluti a voz do meu primeiro avô,
que não se chamava Kunta Kinte
mas talvez, quem sabe, Abessole,

Meu sombrio e terno avô,
meu inexorável primeiro avô,
que das margens do Benin foi trazido
e às margens do Benin não tornou decerto.

Na margem do Calabar foi colhido
e às águas do Calabar não voltou decerto.

Nas margens do Congo foi caçado
e às margens do Congo não tornou decerto.

Da nascente do Ogoué chegou um dia
e à foz do Ogoué não voltou jamais.

Eu que em Libreville não descobri a aldeia
do meu primeiro avô,
meu eterno continental avô,

Eu, a peregrina que não encontrou o caminho para Juffure,
eu, a nómada que regressará sempre a Juffure.

I, who swallowed the voice of my first grandfather,
who wasn't named Kunta Kinte
but perhaps, who knows, Abessole,

My shadowy and tender grandfather,
my inexorable first grandfather,
who from the banks of the Benin was brought
and to the banks of the Benin certainly never returned.

On the bank of the Calabar he was captured
and to the waters of the Calabar he certainly never returned.

On the banks of the Congo he was hunted
and to the banks of the Congo he certainly never returned.

From the source of the Ogooué he arrived one day
and to the mouth of the Ogooué he never returned again.

I, who in Libreville did not find the village
of my first grandfather,
my eternal continental grandfather,

I, the pilgrim who did not find the path to Juffureh,
I, the nomad who will always return to Juffureh.

Anti-Epopeia

Aquele que na rotação dos astros
e no oráculo dos sábios
buscou de sua lei e mandamento
a razão, a anuência, o fundamento

Aquele que dos vivos a lança e o destino detinha
Aquele cujo trono dos mortos provinha

Aquele a quem a voz da tribo ungiu
chamou rei, de poderes investiu

Por panos, por espelhos, por missangas
por ganancia, avidez, bugigangas
as portas da corte abriu
de povo seu reino exauriu

Anti-Epic

He who in the rotation of the cosmos
and in the oracle of the sage
sought from their law and commandments
reason, approval, rationale

He who halted the spear and destiny of the living
He whose throne came from the dead

He whom the voice of the tribe anointed
called king, vested with powers

For fabrics, for looking glasses, for beads
for covetousness, greed, trinkets
the doors to the court opened
his kingdom was depleted of its people

Espanto

E no mar foi recluso, escoltado caminhante.
De todo o mar apenas foi onda silente.
De marfim os dentes, imperscrutáveis os deuses.
Nenhuma trombeta amparou a mudez
de sua voz sem doutrina.

Com seu nome e sua língua morreram colinas.
A Ocidente se abriu uma vanguarda de tumbas
que expande do deserto a metamorfose
em novos hinos, outros abismos chamados ilhas.

E nem estrela nem astro, nenhuma chama.
Da própria sombra foi a sombra que o amou
quando impassível marchou a infernal engrenagem
e o mundo emergiu — seu destino e sua casa.

Astonishment

And in the sea he was reclusive, the incarcerated walker.
Of all the sea, he was just a silent wave.
Teeth of ivory, inscrutable gods.
No trumpet shielded the muteness
of his doctrineless voice.

Hills died with his name and his tongue.
The West unfurled a frontline of tombs
that expands metamorphosis from the desert
in new hymns, other abysses called islands.

And no star whatsoever, no flame.
The shadow that loved him came from his own shadow
when the infernal gear shifted impassively
and the world emerged—his destiny and home.

Passageira

À memória de São Gracia Silva

A metade de meus amigos morreu.
Far-te-ei uns novos, disse a terra.
Não, gritei. Devolve-mos
tal como eram, com seus defeitos e tudo.
　　　　Derek Walcott

Nosso o caminho, um claro itinerário:
erguíamos o alfabeto do hino.
Práticas, concretas, robustas,
era como se elas te conhecessem, as sílabas.

Giravas entre nós com um zumbido de abelhas.
Havia sempre pressa nos teus lábios, florias.
Vamos — urgias. E o verbo marchava por seus pés.

Depois, com um sorriso, dormias.
Era como se te pertencesse a noite, limpa de trevas.

Às vezes chegavas tarde.
Era como se nos devolvesses o alvoroço da colmeia.

Pólen agora, raiz ou tronco embora
em vão bailam por ti as crinas da palmeira
quando o cavalo galopa no umbral da praça.

Passenger

To the memory of São Gracia Silva

Half my friends are dead.
I will make you new ones, said earth.
No, give me them back, as they were, instead,
with faults and all, I cried.
Derek Walcott

Ours the path, a clear itinerary:
we raised the hymn's alphabet.
Practical, concrete, robust,
it was as if they knew you, the syllables.

You spun among us with a buzzing of bees.
There was always hurry on your lips, blossoming.
Let's go, you urged. And the word advanced on its own feet.

Later, with a smile, you slept.
It was as if night belonged to you, clean of darkness.

Sometimes you arrived late.
It was as if you returned to us the bustle of the hive.

Pollen now, root or trunk although
the palm's mane dances for you in vain
when the horse gallops past the threshold of the plaza.

O Vendedor

Os olhos vagalumem como pirilampos
no encalço dos fregueses.

Do fio que é a mão
esvoaçam sacos de plástico
precários, multicores balões.

A Feira do Ponto é o seu pátio.

Ao fim do dia, parcimonioso,
devolve a bolsa das moedas a um adulto
e recupera a idade.

The Vendor

His eyes flicker like fireflies
in pursuit of customers.

Colorful balloons, precarious
plastic sacks flutter
from the string that is his hand.

The Ponto Market is his patio.

At the end of the day, frugal,
he returns the bag of coins to an adult
and becomes his age again.

A Lenda da Bruxa

San Malanzo era velha, muito velha.
San Malanzo era pobre, muito pobre.
Não tinha filhos, não tinha netos
Não tinha sobrinhos, não tinha afilhados
Nem primos tinha e nem enteados
Ela era muito pobre e muito velha
Muito velha e muito pobre era.
Era velha, era pobre san Malanzo
Pobre e muito velha
Velha e muito pobre
Era velha e pobre
Era pobre e velha
Velha pobre
Pobre velha
Velha
Pobre
Feiticeira.

The Legend of the Witch

San Malanzo was old, very old.
San Malanzo was poor, very poor.
She had no children, no grandchildren
Had no nieces or nephews, no godchildren
Nor had she cousins, nor stepchildren
She was very poor and very old
Very old and very poor was she.
She was old, she was poor, san Malanzo
Poor and very old
Old and very poor
She was old and poor
She was poor and old
Old poor
Poor old
Old
Poor
Sorceress.

Ignomínia

Enquanto o fio da catana
avançava sobre o medo encurralado
o mundo espreguiçava uma pálpebra —
hesitava.

E quando o olho da câmara
desventrou enfim o silêncio
um metódico vendaval avermelhara
para sempre as águas e os campos.

As consciências
que no universo o caos ordenam
instauraram a urgência dos relatórios
e a estatística dos esqueletos.

Ruanda ainda conta os crânios dos seus filhos.

Ignominy

While the machete's blade
advanced on cornered fear
the world stretched an eyelid awake—
hesitated.

And when the camera's eye
finally unmasked the silence
a methodical gale reddened
the waters and fields forever.

The consciences
that order the chaos of the universe
established the urgency of the reports
and the statistics on skeletons.

Rwanda still counts its children's skulls.

A Mão

Toma o ventre da terra
e planta no pedaço que te cabe
esta raiz enxertada de epitáfios.

Não seja tua lágrima a maldição
que sequestra o ímpeto do grão
levanta do pó a nudez dos ossos
a estilhaçada mão
e semeia.

Girassóis ou sinos, não importa
se agora uma gota anuncia
o latente odor dos tomateiros
a viva hora dos teus dedos.

The Hand

Take the earth's womb
and in your lot plant
this root grafted with epitaphs.

Don't let your tear be the curse
that abducts the grain's impetus
raise the nudity of bones up from the dust
the shattered hand
the seed.

Sunflowers or bells, it doesn't matter
if a drop now announces
the latent scent of tomatoes
the lively hour of your fingers.

Arquipélago

O enigma é outro — aqui não moram deuses
Homens apenas e o mar, inamovível herança.

Archipelago

The enigma is some other thing—no gods live here
Just men and the sea, immovable inheritance.

Inegável

Por dote recebi-te à nascença
e conheço em minha voz a tua fala.
No teu âmago, como a semente na fruta
o verso no poema, existo.

Casa marinha, fonte não eleita!
A ti pertenço e chamo-te minha
como à mãe que não escolhi
e contudo amo.

Undeniable

By dowry I received you at birth
and I recognize your speech in my voice.
At your core, like the seed in the fruit
the verse in the poem, I exist.

Seaside house, my unchosen source!
I belong to you and call you mine
like my mother whom I did not choose
and nonetheless love.

A Outra Paisagem

Da lisa extensão dos areais
da altiva ondulação dos coqueirais
do infindo aroma do pomar
do azul tão azul do mar
das cintilações da luz no poente
do ágil sono da semente
de tudo isto e do mais —
a redonda lua, orquídeas mil, os canaviais —
de maravilhas tais
falareis vós.
Eu direi dos coágulos que mineram
a fibra da paisagem
do jazigo nos pilares da Cidade
e das palavras mortas, assassinadas
que sem cessar porém renascem
na impura voz do meu povo.

The Other Landscape

Of the smooth extension of the sand
of the haughty waving of the coconut palms
of the infinite scent of the orchard
of the sea's blue so blue
of the scintillations of light at dusk
of the seed's agile sleep
of all of this and more—
the round moon, a thousand orchards, the sugarcane fields—
of such wonders
will you speak.
I will tell of the blood clots that splotch
the fiber of the landscape
of the grave in the City's foundations
and of the dead words, murdered
that are endlessly nevertheless reborn
in the impure voice of my people.

De *O País de Akendenguê*
(2011)

From *The Country of Akenenguê*
(2011)

Não Estou Farta de Palavras

À Manuela Ribeiro e ao Francisco Guedes

Não, não estou farta de palavras.
É porque o tempo passa que as procuro.
Para que elevam, soberanas, o reino que forjamos.

I'm Not Done with Words

To Manuela Ribeiro and Francisco Guedes

No, I'm not done with words.
It's because of time's passing that I collect them.
So that they, sovereign, elevate the kingdom that we forge.

Os Dias

Conheço tempos estranhos.
Prenhes noites e manhãs
de nascimentos e medos e sortilégios.

De mãos dadas com a vida
cantá-los-ei
nos pendentes frutos do mamoeiro.

The Days

I know strange times.
Pregnant nights and mornings
of births and fears and spells.

Hand in hand with life
I will sing them
in the dangling fruits of the papaya tree.

Apuramos o Canto

À memória de Ivete Monteiro

Caem as pétalas.
Do poilão caem
Uma a uma
Sobre a pele da tarde.

Chegamos sozinhas de toda a parte
Entranhando nas unhas
As cordas do tempo.

Enquanto o frio murcha
Apuramos o canto.

We Purify the Song

To the memory of Ivete Monteiro

The petals fall.
They fall from the kapok
One by one
Over the afternoon's skin.

We arrive alone from all over
The strings of time
Ingrained beneath our nails.

While the cold withers
We purify the song.

Rosto

Tudo é profundo nos olhos da Cidade.
Até a teia dos enganos desvenda a pertinácia deste rosto.

Face

Everything is deep in the City's eyes.
Even the web of deceit unveils the pertinacity on this face.

Três verdades contemporâneas

Creio no invisível
Creio na levitação das bruxas
Creio em vampiros
Porque os há.

Three Contemporary Truths

I believe in the invisible
I believe in the levitation of witches
I believe in vampires
Because they exist.

Viajantes

Traziam poentes e estradas
A sede do horizonte os chamava.

— A quem pertences tu?
Quem são os da tua casa?

Assim estendia nossa avó
A caneca de água ao viajante.

Travelers

They brought sunsets and roads
Their thirst for the horizon beckoned them.

—To whom do you belong?
Who are your people?

That's how our grandmother extended
The cup of water to the traveler.

O Amor do Rio

Os sonhos do porvir, os cantos que cantei, carrego-os na voz.
Antes da minha voz, já um nome fora dado a cada coisa e a cada coisa uma
  medida.
Em cada nome pus apenas um sopre de lume insubmisso; em cada coisa, una
  sugestão de prumo e de estrela.

Sorve agora das palavras o travo, amor, favo a favo; bebe o crescendo deste
  áspero concerto.
Busco ainda o frémito do compasso, as alturas de um coro pigmeu.
Na mão, conservo os rascunhos, aquela letra adiada, a extensão da rasura.
Do que te dou, eis que não me cabe senão o dom que a meus olhos te revela.
São minhas e sem fim as margens deste rio.

Meu o caudal, o sulco da piroga. Pertence-me a sisudez das pedras, a impa-
  ciência dos sábios.

Magros. São magros estes campos, a fracção que nos detém.
Magra a colheita, a safra instigada, magros os dedos e a mão que os sustém,
  magro o grão que brota na cova desta mão.
Crescem muralhas inesperadas, visitante, nestes campos.
Crescem neste viveiro de tenras couves, crescem como carnívoros bolbos no
  olho da paisagem.
Crescem à sombra de véus e distância, crescem na solidão dos espectros
  avulsos,
crescem sitiadas por insone flores.
Este lugar é a minha casa, não tenho outra.
Esta casa é o meu lugar, não quero outro.
Ainda que o ventre da infância reconvoque outro exilio.
Mesmo se a angústia das mães antecipa a aurora.
Por isso trouxe ao teu jardim o odor do sal, a raiz do mar que bordeja o baobá.

The Love of the River

The dreams of things to come, the songs I sang—I carry them in my voice.
Before my voice, a name had already been given to each thing, and to each
    thing a measure.
In each name I placed just a puff of unsubmissive fire; in each thing, a hint of
    plumb and star.

Now sip the words' aftertaste, love, comb by honeycomb; drink in the cre-
    scendo of this gruff concert.
I still seek the uptick of the beat, the heights of a pygmy choir.
In my hand, I keep the drafts, that postponed letter, the extent of my erasure.
Of what I give you, behold, I have no more than the gift that reveals you to
    my eyes.
They're mine and boundless, these riverbanks.

The flow is mine, the canoe's silt. The sobermindedness of the stones
    belongs to me, the impatience of the wise.

Thin. These fields are thin, the fraction that holds us back.
Thin the harvest, the instigated harvest, thin the fingers and the hand that
    holds them, thin the grain that sprouts in the hollow of this hand.
Unexpected walls grow up, visitor, in these fields.
They grow in this nursery of tender cabbages, they grow like carnivorous
    bulbs in the landscape's eye.
They grow in the shade of veils and distance, they grow in the solitude of
    detached specters,
grow besieged by sleepless flowers.
This place is my house, I don't have another.
This house is my place, I don't want another.
Even though the womb of childhood summons another exile.
Even if the anguish of mothers anticipates the dawn.

Filha insular, não me saúdes! Dá-me um umbigo de algas e de estrume —
 quero plantar o coração dos fantasmas elementares.
Em fogo moldarei então as proporções onde um laço de ndombó amarrará
 para sempre o nosso amor no mesmo Nilo.

Corpo de onda, quantas vezes passei por ti e não te vi? Quantas vezes rocei
 teu vulto e te esqueci?
Quantas vezes o espelho separou a nossa fronte e nos uniu? Quantas vezes
 esse espelho nos confundiu?
Quantas vezes nos perdemos, face a face, sem ouvir do rio o som que nos
 funda e reinventa?

Para ti esta água se liberta no meu canto, se reergue a velha Casa no meu
 pranto,
do meu seio rumoreja a nascente no te quarto.
Este amor do grande rio nos convoca.

That's why I arrived to your garden bearing the scent of salt, the root of the
    sea that borders the baobab.

Island daughter, do not greet me! Give me a navel of seaweed and
    manure—I want to plant the elemental ghosts' heart.
Then, in fire, I will mold the proportions where a bow of ndombó will
    forever bind our love in the same Nile.

Wave body, how many times have I passed through you and not seen you?
    How many times have I brushed against your figure and forgotten you?
How many times has the mirror separated our foreheads and united us?
    How many times did that mirror confuse us?
How many times did we get lost, face to face, without hearing the river's
    sound that establishes and reinvents us?

For you this water is freed in my song, the old House is rebuilt in my wails,
the spring in your bedroom babbles from my breast.
This love of the great river convokes us.

Fronteira

Trespassar é a sina dos que amam o mar.

Border

Trespassing is the lot of those who love the sea.

Erosão

Como o silêncio corrói as pedras da fortaleza
assim o sussurro infiltra as paredes
e adensa os semblantes.

Erosion

Like silence corrodes the fortress' stones
so whispers infiltrate the walls
and deepen countenances.

O Guardião

Sobre todas as coisas, o guardião
venera o eco da própria voz.
No anel de bondade em redor do trono
decretou a obediência do vento
e a vassalagem dos frutos.

The Guardian

Above all else, the guardian
worships the echo of his own voice.
In the ring of goodness that surrounds the throne
he decreed the wind's obedience
and the vassalage of every fruit.

Projecto de Canção para Gertrudis Oko e Sua Mãe

Amanhã iremos:
antes do primeiro galo, pé ante pé
não vá despertar a cidade que enfim ressona.

Iremos juntas
engomada e passajada a velha saia.

O lenço de vivas ramagens
negado às traças.

Iremos
sem temor dos fantasmas.

Conhecemos o trilho.
De olhos fechados o conhecemos, tu e eu —
adivinhamos o risco no chão
escavamos a decisão das pedras
já deciframos o enigma de todas as perdas.

Ao virar da esquina seguiremos em frente
sem vergar a cabeça, afastaremos o capim
sentiremos o frio do orvalho nas nossas pernas — caminhemos.

Ao encontro do pregão no ventre da praça:
odores secretos, a luz das mangas
a voz da velha Mercedes proclamando a frescura das couves.

Draft of a Song for Gertrudis Oko and Her Mother

Tomorrow we will go:
before the first rooster, on tiptoe
the city, finally snoring, won't wake up.

We will go together
the old skirt starched and ironed.

The headscarf of living branches
denied the moths.

We will go
unafraid of ghosts.

We know the trail.
With our eyes closed we know it, you and I—
we guess about the gash in the dirt
we dig up the stones' decision
we've already deciphered the enigma of all losses.

Around the corner we will carry on
without turning our heads, we'll pull up the grass
we will feel the dew's chill on our legs—let's walk.

At encountering the cry in the plaza's womb:
secret odors, the light of mangos
old Mercedes' voice, proclaiming the freshness of her cabbages.

O Dia Seguinte

O riso consumido pela erva
A farda apodrecida outrora derme
O orvalho no nervo da semente
Esta manhã de sílex, herdeira de tanta busca.

The Next Day

The laughter consumed by the grass
The rotted uniform once skin
The dew on the seed's nerve
This morning of flint, heiress to such searching.

Estátuas

Neste país as estátuas desdenham alturas.
Traficam na praça, devassam estradas.
Têm mãos pensativas e barro na planta dos pés.

Statues

In this country the statues disdain heights.
They trade in the plaza, ravage roads.
They have pensive hands and clay on the soles of their feet.

A Dádiva

No coração da vida coloquei de mansinho
Meu próprio coração.

Francisco José Tenreiro

The Gift

In life's heart I gently placed
My own.

Francisco José Tenreiro

À memória de Protásio de Pina,
outra vez

I

Dormitavam os deuses à sombra das ruínas
quando o jovem pintor se condoeu daquele jardim.

Tinha mares nos olhos o jovem pintor
o amor dos bosques dentro da pele
e às palmeiras, o dom de as fazer
mais rectas e verdes.

O jovem pintor tinha uma juba —
barba de milho e açafrão.
Dentro sonhavam ovos de pomba
e um falcão.

Quando olhou para o jardim
tão condoído ficou o pintor
que meteu a mão nas pregas do peito
tirou de dentro todos os mares
o amor dos bosques e borboletas.

Escolheu um canto ferido de luz.

Afastou com cuidado as folhas idas
e os ramos quebrados.

Com os dedos traçou a saga do obô
a posse do mar.

To the memory of Protásio de Pina,
again

I

The gods slumbered in the shade of the ruins
when the young painter took pity on that garden.

There were seas in the young painter's eyes
the love of the forest in his skin
and for palm trees the gift of making them
straighter and greener.

The young painter had a mane—
a beard of corn and saffron.
Inside it dreamed dove eggs
and a falcon.

When he looked on the garden
the painter took such pity
that he put his hand in the folds of his chest
and pulled out every sea
his love of forests and butterflies.

He chose a song wounded with light.

He carefully brushed aside the fallen leaves
and broken branches.

With his fingers he traced the saga of the obô
the possession of the sea.

As folhas mortas, guardou-as no bolso.

E meteu no peito o bater da mão
deixando na ilha o coração.

The dead leaves, he kept them in his pockets.

And he put his hand's thumping in his chest,
leaving his own heart on the island.

II

Os papagaios lavavam as penas
voavam suaves os lenços nas cordas
vestidas eram de vasos e cal
as primeiras portas.
O rio seguia
no meio da tarde um outro destino.

Quando os meninos saíam da escola em cachos de riso
chegou à yé na crista do vento o jovem pintor.

Voltou cavalgando as cores dos bosques
chegou enrolado em façanhas do mar.

Veio cantando o jovem pintor
que um dia partira
salvando no bolso
as folhas mortas e os ramos quebrados.
Levara longe o coração
deixando ali o bater da mão.
E vinha agora para juntar
o seu coração à sua mão.

Assim que entrou o jovem pintor
arrefeceu a boca do vento
parou o tronco no meio dos bosques
estremeceu a orla do mar.

O coração, que vinha ao encontro da sua mão,
anoiteceu.

II

The parrots preened their feathers
the scarves blew softly on the lines
the first doors
were dressed in vases and whitewash.
The river coursed
midafternoon toward some other endpoint.

When the kids left school in fits of laughter
the young painter arrived at Yé on the wind's crest.

He arrived at a gallop atop the colors of the forests
he arrived wrapped in the feats of the sea.

The young painter who once departed
pockets full
of dead leaves and broken branches
returned singing.
He had taken his heart far away
leaving behind his hand's thumping.
And now he came to reunite
his heart and his hand.

As soon as the young painter arrived
the wind's mouth cooled
the trunk stopped dead in the middle of the woods
the sea's edge shuddered.

His heart, which had come to meet his hand,
fell like dusk.

Quem a levara, quem não se lembrara,
que mão a cortara sem atenção?

O jovem pintor ficou dentro de si.
Sua boca era a mão.
O coração ficou no jardim
ardendo na roda das estações.

Who would have taken it, who would not recall,
what hand would have carelessly cut it?

The young painter remained inside himself.
His mouth was the hand.
His heart remained in the garden
burning in the cycling of the seasons.

Os Fantasmas Elementares

Aqueles que avançam
Entre fogo e metamorfose . . .
Adonis

Elemental Ghosts

Those who push forward
Between fire and metamorphosis . . .
Adonis

Kwame

Deixei longe o clarim.
Vim ouvir a alegria das rosas
Ébrias gaivotas
Esta frescura tingindo de princípio o teu canto.

Além dos retalhos do mapa
Vim tocar as tábuas da profecia.

Acostumo-me ao perpétuo fogo
Na fronte de Acra.

Que diriam as palavras
O que diriam
Sobre o árduo fulgor da tua mortalha?

Kwame

I left the bugle a long way back.
I came to listen to the roses' joy
Drunken gulls
The freshness tinging your song from the start.

Beyond the scraps of the map
I have come to touch the tablets of prophecy.

I'm getting used to the perpetual fire
On Accra's front.

What would the words say
What would they say
About the burning glow of your shroud?

Mwalimu

O que cuidou das sementes e dos frutos
O que pegou na palavra
E arou um campo sem ossadas
O que teve as mãos calejadas
Adormeceu coroado de brancos cabelos
Crianças soletram, sorrindo, o seu nome.

Mwalimu

He who cared for seeds and fruits
He who seized the word
And plowed a boneless field
He of calloused hands
Fell asleep crowned with white hair
Smiling, children spell out his name.

Congo 1961

Ele debulha as ruínas do dia novo
Parturiente de mãos lúcidas e atadas
Caminha de voz clara e cercado
Numa aurora de ruídos e mil portas.

Seu amor ficou na outra margem
Tecendo o recomeço em mil ausências
E ele avança entre serpentes e horas
À sua volta treva e luz se despedaçam.

Para o palco sobe agora e ferido
Por punhais idiomas e minérios
Há um quê de fruto e de relógio
Em seu corpo de lenha e de naufrágio.

Nem pão nem vinho
Um corpo de lenha e sufrágio
O prodígio deste coração que submeteu a morte.

Congo 1961

He threshes the ruins of the new day
Parturient hands lucid and bound
He walks with a clear, encircled voice
Into the clangorous, thousand-doored dawn.

His love stayed on the other shore
Weaving this new beginning in a thousand absences
And he advances among snakes and hours
And all around him darkness and light shatter.

He rises to the stage now and wounded
By daggers languages and ores
There is a hint of fruit and clock
In his body of kindling and wreckage.

Neither bread nor wine
A body of kindling and suffrage
The wonder of this heart that conquered death.

Todas as Mortes de Cabral e uma Montanha

I

PRIMEIRA INDAGAÇÃO

Algures em Conacri, conheço uma casa.
Quiçá o pilar de uma casa
E o coração de África
Batendo sobre um livro indestrutível.

Há quanto tempo amanhece a cidade...

Quantas noites meditou o combatente
Sob as vigas do seu tecto!

Uma obscuridade azul na tosca sala
Nenhuma janela apagada
No metal e na palavra o enigma da safra
Uma anciã cerzia o desconcerto das horas.

Quem assim fala?

Quem, no olho da indiferença,
Semeia nova dor de aço e metamorfose?

Suspenso foi o fito?
Onde, o corpo hirto?
Onde mora o olvido?

Regressarão da longínqua província
Os assassinados?

All of Cabral's Deaths and a Mountain

I

Somewhere in Conakry, I know a house.
Perhaps the cornerstone of a house
And the heart of Africa
Beating over an indestructible book.

How long has the city been dawning?

How many nights did the fighter meditate
Beneath the rafters of its roof!

A blue gloom in the crude room
No window blacked out
The harvest's mystery in metal and word
An old woman knit time's bafflement.

Who talks like this?

Who, in the eye of indifference,
Sows new pain of steel and metamorphosis?

Was the goal suspended?
Where, the stiffened body?
Where does oblivion live?

Will the murdered
Return from the faraway province?

Quem beijou a austera mão de sua mãe?

Que a sede dos mangais se levante
Seja nova asa a fala de Boé.
Pólen e vento diga esta cicatriz.

Who kissed his mother's stern hand?

May the thirst of the mangroves rise
May Boé's speech become new wings.
Pollen and wind say this scar.

II

OS MORTAIS INFINITOS

Titina era bela.
Osvaldo era belo.
Pansau era belo.
Belos Pedro e Aristides
Ivete, Carmen, Francisca
Abílio, Xico e Djaló.

Eram como tu magros e belos
Magníficos e falíveis como tu
Como tu, de barro, como nós, nascente.
E traziam na raiz dos cabelos a mesma semente.

Vizinha e súbita era a morte
Voraz o seu dente final e frio
Sua canção de derrota e de cio.

Dançavas porém solar e forte
Com a camponesa espoliada de sua colheita
O estivador privado da mão direita
O estudante que devorou toda a fronteira.

A mão que domava o fuzil traçava
Na folha em branco
A resposta à acumulada ferida.

Conhecias da afronta os abismos
Sabias: a razão da vítima incuba a atrocidade.

II

THE INFINITE DEAD

Titina was beautiful.
Osvaldo was beautiful.
Pansau was beautiful.
Pedro and Aristides
Ivete, Carmen, Francisca
Abílio, Xico, and Djaló, beautiful.

They were thin and beautiful like you
Magnificent and fallible like you
Like you, made of clay, like us, nascent.
And they brought the same seed in the roots of their hair.

Death lurked nearby, abrupt
Voracious, its cold, final tooth
Its song of defeat and estrus.

Yet you danced solar and strong
With the peasant robbed of her crop
The dockworker deprived of his right hand
The student who devoured the entire border.

The hand that tamed the rifle traced
The response to the accumulated wound
On the blank page.

You knew the affront of abysses
You knew: the victim's rationale incubates atrocity.

Pensavas para não morrer.

Uma hirsuta pomba sondava aquela marcha de amor e represália.

You thought so that you wouldn't die.

A hirsute dove probed that march of love and reprisal.

III

No âmago do alfabeto
A alvorada libertou os seus monstros.

Que importa do mandante o nome, sua torva razão
Se o princípio nutriu a contrária mão?

Penso na conjura, a urdida teia
Sorrisos à tua beira
Penteando o homicídio da ideia.

De que cor será o medo dos heróis?

Em que pensavas quando à tua frente
Emergiu a traição?

Apostrofaste a morte esculpida em negação?

Ou sobre sua tensa caveira terás rido teu riso
De titã livre e são?

A última carta, quem a abriu?
Que nome, país, direcção?

Que viram nos teus olhos os apóstolos do ontem?
Que promessa ou tormento atiçou a tentação?

Dolorosa ainda a heróica lavra, esta encruzilhada dos frutos.

III

At the heart of the alphabet
The dawn set her monsters free.

What does the mastermind's name matter, his twisted reasoning
If the tenet nurtured the opposite hand?

I think of the conspiracy, the warped web
Smiles at your side
Combing through the idea's homicide.

What color will the heroes' fear be?

What were you thinking about when
Betrayal emerged before you?

Did you apostrophize death carved in denial?

Or will you have laughed your laugh—a free, healthy titan's—
Over death's taut skull?

The last letter, who opened it?
What name, country, address?

What did yesterday's apostles see in your eyes?
What promise or torment stirred up temptation?

Still painful, this heroic plowing, this crossroads of fruits.

IV

Chove na capital que morto libertaste
Chove em Bissau, derradeiro planalto
E a chuva põe no vento uma rajada de pranto.

Há frescos corpos tombados nas águas
Corpos alheios à vaidade das trincheiras
Inocentes, completos corpos
Somados aos soluços da trombeta.

Que halo circunda esta queda?

Quem gravará seus nomes na epiderme da pedra?

Seus sudários de demora e quezília
Seu pecúlio de desdita e rebento . . .

Também a desolação é uma escritura.
Também o atraiçoado sobrevive
Ao saque do rosto, amassa esquecimentos
Dispara um cometa.

A nudez é um caminho, esta procura te inventa.

IV

It's raining in the capital that, dead, you liberated
It's raining in Bissau, final plateau
And the rain sets a blast of tears on the wind.

There are fresh bodies strewn on the waters
Bodies alien to the vanity of the trenches
Bodies innocent and whole
Summed to the trumpet's sobbing.

What halo circles this downfall?

Who will engrave their names on the stone's epidermis?

Their shrouds of delay and dispute
Their hoard of misfortune and offspring . . .

Desolation is also a scripture.
The betrayed also survives
The pillaging of his face, kneads forgotten things
Shoots a comet.

Nudity is one path, this quest invents you.

V

ALTA TESTA DE ÉBANO E CLARIDADE

Dizem: a morte o poupou.
Clarividente era, sussurram.
Em sua mão porém outro dia
O que seria?

E eu que escavo o rizoma da audácia
Eu que indago a viva ruga em tua fronte
Tua proposta de constante orvalho e pergunta
Busco de cada fuga a lição e digo.

Neste círculo de fogo e nascimento
Um incessante fantasma assedia
Invencível na perfurada farda
Alta testa de ébano e claridade.

V

HIGH BROW OF EBONY AND CLARITY

They say: death spared him.
He was a clairvoyant, they whisper.
But what would another day
Be in his hand?

And I who dig up the rhizome of audacity
I who question the living wrinkle on your forehead
Your proposal of constant dew and questions
I search for the lesson in every escape and speak.

In this circle of fire and birth
An incessant phantom besieges us
Invincible in his perforated uniform
High brow of ebony and clarity.

VI

SÍLABA DE LEITE

Ilhéu e Bafatá
Verde ressurreição do Cabo
Livre signo do Futa Jalon:

Quem nomeará depois os anjos do eclipse?

Habitamos as escadas do sol e as catacumbas da tarde
Crespos como tu e póstumos e tumultuosos
Mastigamos raízes e estrelas
De tristeza em tristeza
Espanto em espanto
Canto a canto
Com a morte num compasso de milenária urgência.

Plena a posse das mãos
Bezerros de ouro no berço das praças
Jogos de guerra sobre o tecto das palhotas
Os hinos semeados, os botões das mandioqueiras
Ainda a reinvenção do beijo e da caligrafia
Ainda a defenestração das trevas, a amnésia dos sábios
Esta íntima sede de planura e infinito
Esta conspiração de dedos e novelos
A impúbere rosa calcinada pelo vírus.

E a electrónica ao serviço da igualdade e da pilhagem
E os limites de deuses e cleptocratas e o íman da alegria
Na arquitectura alucinante deste rio irrevogável.

VI

SYLLABLE OF MILK

Island and Bafatá
The green resurrection of the cape
Fouta Djallon's free sign:

Who then will name the angels of the eclipse?

We dwell in the sun's staircases and the afternoon's catacombs
Curlyhaired like you and posthumous and tumultuous
We chew roots and stars
From one sadness to the next
One wonder to the next
One song to the next
With death tapping a beat of ancient urgency.

Full ownership of the hands
Golden calves in the plaza mangers
Wargames on the huts' roofs
The hymns sown, the manioc buds
Still the reinvention of the kiss and of calligraphy
Still the defenestration of the darkness, the amnesia of the wise
This intimate thirst for flatness and the infinite
This conspiracy of fingers and yarn
The pubescent rose charred by the virus.

And electronics in service of equality and pillaging
And the limits of gods and kleptocrats and the magnet of joy
In the hallucinatory architecture of this irrevocable river.

És também esta árvore de chuva e carência
Sílaba de minério e leite
Deriva que revela e convoca na infância
A abolição de toda a indiferença.

Pedra e ave interpelam os filhos da montanha.

You are also this tree of rain and lack
Syllable of ore and milk
Drift that reveals and convokes in childhood
The abolition of every indifference.

Both stone and bird heckle the mountain's children.

Em Nome dos Meus Irmãos

No octogésimo aniversário de Alda Espírito Santo

Hoje cantarei o ferro na dor da nossa mãe, chamarei musgo e rocha à tua
   mão, pois do fundo dos dias mantenho na página aberta, o perfil do
   archote.

Alguém um dia entrançou os dedos para agasalhar no quintal a chama;
   alguém ao rio fundiu a própria veia para alimentar a sede do solo, o
   património.

Na água e no fogo, alguém trabalhou a primordial circunferência e gravou no
   centro os nomes dos meus irmãos. Será a Chácara, toda a Cidade, o lugar
   da ceia?

Quem, no silêncio, ciciou a senha? Quem, sob os céus da Praça, içou a
   inquietude na asa do poema, verso a verso amarrando a alça do alforge
   aos nossos ombros?

Quem, um por um, revelou os troncos e a voz dos pássaros e os pés
   das palayês, nomeou as lavadeiras do Água Grande, as trepadeiras,
   ressuscitou no hino os companheiros de Cravid, os mortos em 53
   matados?

Quem, altura e testemunha, vela no sopé do Futa Jalon a pestana de Amílcar,
   o riso de Amílcar, as botas de Amílcar?
Quem decifrou o testamento de Kwame?
Quem nos mostrou as torrentes do Kwanza?
Que canto confortou a solidão de Pauline? Pauline e sua carta de saudade,
   sua fome de futuro, Pauline e Patrice seu amor assassinado, esse amor
   transmutado em minério do Congo?

Não, não falarei do profeta em teu peito: seus sonhos, nossas teimas, o limite
   da sua clarividência, a inexorável estrela em nossa testa.

In the Name of My Brothers

On the eightieth birthday of Alda Espírito Santo

Today I will sing the iron in our mother's pain, I will call moss and rock to your
hand, since from the depths of the days I have kept the page open, the figure of
a torch.

One day someone interlaced her fingers to keep the courtyard lit by fire; someone
fused her own vein to the river, to nourish the thirst of the soil, our patrimony.

In water and in fire, someone worked the primordial circumference and engraved
in its center the names of my brothers. Will it be the Farm, all the City, the din-
ner place?

Who, in the silence, whispered the passcode? Who, over the skies of the Plaza,
hoisted restlessness on the poem's wing, fastening the saddlebag's strap line by
line to our shoulders?

Who, one by one, revealed the trunks and the birds' voice and the palayês' feet,
named Água Grande's washerwomen, the vines, resuscitated in hymn Cravid's
companions, the dead killed in '53?

Who, height and witness, at the foot of Fouta Djallon, sees Amílcar's eyelash,
Amílcar's laugh, Amílcar's boots?
Who deciphered Kwame's last will and testament?
Who showed us the Kwanza's torrents?
What song comforted Pauline in her loneliness? Pauline and her nostalgic letter,
her hunger for the future, Pauline and Patrice her murdered love, that love
transmuted into Congolese ore?

No, I will not speak of the prophet in your chest: his dreams, our fears, the limit
of his clairvoyance, the inexorable star on our forehead.

157

Entre os ramos das goiabeiras e a pele dos livros, respiro. Toco o mapa da lua, louças antigas, o vulto de Maria de Jesus, os longos brincos de Maria Amélia, Vasco e Egídio, os espectros amados. Teus cotovelos fincados na borda da mesma austera mesa.

Sirvo-te o chá. Sento-me diante dos teus olhos. Estamos em casa.

Between the branches of the guava tree and the skin of books, I breathe. I
touch the map of the moon, tired dishes, the figure of Maria de Jesus,
Maria Amélia's dangling earrings, Vasco and Egídio, beloved specters.
Your elbows perched on the edge of the same austere table.

I serve you tea. I sit down before your very eyes. We are finally at home.

Sementes

Não procurem no vazio das cavernas
a marca primordial, a germinação.
Cavernas são cavernas.
Na onda se inscreve todo o princípio
as sementes da blasfémia e da redenção.

Seeds

Don't search the emptiness of caves for
that primordial mark, germination.
Caves are caves.
The entire principle is inscribed on the wave
the seeds of blasphemy and redemption.

A Voz da Pedra

Para a Leopoldina e o Carlos de Menezes

Dia após dia
A casa acolhe
Tijolos e tábuas
Inexatas paredes.
É rijo o telhado
De barro vermelho.
Ampla a janela
E sem caixilhos.
Em velhas panelas
Bailam os caules das ervas boas.
Aprendemos os nomes
De outras flores.
Amanhã despediremos o muro —
Conhecemos a voz da pedra.

The Stone's Voice

For Leopoldina and Carlos de Menezes

Day after day
The house welcomes
Bricks and boards
Inexact walls.
The red clay
Roof is hard
The window wide
And frameless.
In old pots
The stalks of good herbs dance.
We learn the names
Of other flowers.
Tomorrow we will bid the wall farewell—
We know the stone's voice.

Metamorfose

Para Francisco da Silva, Gito.
In memoriam

Hoje as palavras nada dizem de naufrágios.
Pétalas apenas
Pétalas não visíveis
Infinitas pétalas
E na ponta dos nossos dedos
O fantasma de uma doce, habitável Cidade
Suas vestes de púrpura e de lenda
Seu corpo, fruto tenaz e justa partilha.
De uma exacta metamorfose somos testemunhas.

Metamorphosis

For Francisco da Silva, Gito
In memoriam

Today the words say nothing of shipwrecks.
Just petals
Invisible petals
Infinite petals
And at the tip of our fingers
The ghost of a sweet, livable City
Its garments of purple and legend
Its body, stubborn fruit and just distribution.
We are witnesses to a perfect metamorphosis.

Circum-navegação

À Maria Olinda Beja

Os barcos regressam
Carregados de cidades e distância.

Adormecem os grilos.
Uma criança escuta a concavidade de um búzio.

Talvez seja o momento de outra viagem
Na proa, decerto, a decisão da viragem.

Aqui se engendram alquimias
Lentos hinos bordados em lacerações
Sossegaram os mortos
Há grutas e pássaros de fogo
Rebentos de incómodos recados.

O difícil ofício de lavrar a paciência.

Acontece a arte da viagem
Tanta aprendizagem de leme e remendo . . .

É quando o olho imita o exemplo da ilha
E todos os mares explodem na varanda.

Circum-navigation

To Maria Olinda Beja

The boats return
Heavy with cities and distance.

The crickets fall asleep.
A child listens to the concavity of a conch.

Perhaps it's time for another trip
At the bow, certainly, the decision to turn back.

Here alchemies are beget
Slow hymns embroidered in lacerations
The dead finally rest
There are caves and birds of fire
The sprouts of uncomfortable messages.

The difficult craft of hewing patience.

The art of travel happens
So much learning from the rudder and patch . . .

It's when the eye imitates the island's example
And every sea bursts onto its veranda.

Quando Florirem Salambás no
Tecto do Pico
(2014)

*When Velvet Tamarinds Flower
on Pico São Tomé*
(2014)

1

Escrevo o teu nome na areia nua
Escrevo a Sul, para nomear
A casa que me habita.

1

I write your name in the nude sand
I write facing the South, to name
The house that inhabits me.

2

Toco o ventre da manhã
A palpitação do fruto inadiável.

Na tensa curva de pele escrevo o teu nome
Com uma urgência sem amanhã.

2

I touch the morning's womb
The throbbing of such crucial fruit.

In the skin's taut curve I write your name
With an urgency that knows no tomorrow.

3

Digo em surdina o teu nome e solto um pássaro
Escondida na minha vox, ancorada na luz da insónia.
Afugento agoiros para esconjurar a erosão de profecia.

Os anjos desertaram ou fui eu que roubei as suas asas?

3

I feebly say your name and free a bird
Hidden in my voice, anchored in insomnia's light.
I shoo away omens to cast out the erosion of prophecy.

Did the angels desert or was it I who stole their wings?

4

Vim para acender o teu nome nas pálpebras do poema
O teu nome em excesso e carência geminado
Na atónita face de cansados deuses.

Mas a multidão cavalga o dorso de díspares caminhos
E alguém em mim pergunta pelos antepassados.

Regresso do fundo da memória e do esquecimento.

4

I came to light your name on the eyelids of the poem
Your name twinned in excess and scarcity
On the astonished facade of tired gods.

But the rabble mounts the backs of disparate paths
And someone inside me asks after the ancestors.

I return from the depths of memory and of forgottenness.

5

Sílaba a sílaba reparto o teu nome
Pão e rosa, bandeira, a bondade da palmeira.
Grão a grão construo o teu rosto
Para reaver o assombro da aurora primeira.

5

Syllable by syllable I ration your name
Bread and rose, flag, the virtue of the palm tree.
Grain by grain I construct your face
To restore the first dawn's pure wonder.

6

Era uma tarde ainda sem a tua face
Toda a ilha era previsão e acalmia
Não era um presságio a tua vinda
Mas algo indefinido traduzia
A página em branco no livro mais antigo.

6

It was an afternoon still without your face
All the island was forecast and mollification
Your arrival was no omen
But something indescribable translated
The blank page into the most ancient of books.

7

Era Verão a Sul, estava sol, havia mar.
A ilha lembrava ainda a dolorosa travessia.
Mas todos os continentes são ilhas, disse aquela voz.

E suspenso foi o poema.

Era uma canção enigmática
A devolvida transparência das coisas esquecidas.

Era uma língua clara, outrora ouvida
E do seu cerne emergia um rito de liberdade e conquista.

7

It was Summer in the South, there was sun and there was sea.
The island still remembered the bitter crossing.
But all the continents are islands, said that voice.

And the poem was suspended.

It was an enigmatic song
The returned transparency of forgotten things.

It was a clear tongue, once heard
And from its core emerged a ritual of freedom and conquest.

8

Venci os séculos amargos como um signo de fogo.
Reconheces o compasso desta safra?
Atravessei o abismo para transformar em maravilhas as nossas dores.

8

I conquered the bitter centuries like a fire sign.
Do you recognize the beat of this harvest?
I crossed the abyss to turn our suffering to wonder.

9

Acende o Kilimanjaro, o fogo das neves eternas
Solta os Nilos no meu seio, conheço a solidão das estepes.
Fui savana.
Canto a simbiose dos dias torrenciais e da brisa na gravana.

9

Light Kilimanjaro, the fire of its eternal snows
Free the Niles on my breast, I know the solitude of the steppes.
I was a savanna.
I sing the symbiosis of torrential days and the breeze of the dry season.

10

Tantas horas nas horas dos teus dedos!
Tanto azul nos teus cabelos!
Abolimos os enigmas vindouros
A velha vidente ainda mora aqui.

E o horizonte são cores derretidas
A ilha um celeiro de ternura
Recuam enjeitadas as vozes das sereias.

Proclamo neste canto o tamanho do teu nome.

10

So many hours in the hours of your fingers!
So much blue in your hair!
We will abolish the mysteries to come
The old soothsayer still lives here.

And the horizon is molten colors
The island a granary of tenderness
The mermaids' voices retreat, forsaken.

I proclaim in this song the great size of your name.

11

Nunca iremos a Havana.
Varadero é um cartaz a parede.
Não subiremos à Sierra.
Transmuta a fortaleza exausta de heroísmo.
Nas *calles* se semeiam novas trovas.

Palpitas no coração das idades que renascem.

11

We will never go to Havana.
The Varadero is a poster on the wall.
We won't climb the Sierra.
The weary strength of heroism transmutes.
On the *calles* new trovas are sown.

You beat in the heart of reborn eras.

12

São tão belas as crianças deste reino!
Quão doces as amêndoas nos seus olhos!
Imitam o fulgor das madrugadas
E mastigam a polpa dos pomares difíceis.
Seguem o exemplo das mães abnegadas.
Nos seus dentes se extinguem as fomes do planeta.

12

The children of this kingdom are so beautiful!
How sweet the almonds in their eyes!
They imitate the dawn's glow
And chew the pulp of difficult orchards.
They follow the example of selfless mothers.
The planet's famines are extinguished on their teeth.

13

Quantas vezes não chegaste!
Quanto tempo te esperei e me perdi!
Quantas noites te diluí
No vocábulo das coisas pequenas!

Há atalhos na raiz dos meus cabelos
Segredam barcos no murmúrio das conchas.

Vem tocar as cintilações dos palmares
Tactear a cicatriz nesta laceração
A escarificação na derme deste mar.

Vem agora que todos os guerreiros venceram
Ressuscitaram os campos, as tribos dançam
E as fronteiras em mim se desvanecem.

Diz-me de que lado chegarás
Quando florirem os salambás no tecto do pico.

13

How many times did you not show up!
How long did I wait for you and get myself lost!
How many nights did I dilute you
In the meaning of small things!

There are footpaths at the roots of my hair
Boats whisper in the murmur of the seashell.

Come touch the flickering palms
Press the scar on this laceration
The scarification on this sea's skin.

Come now that all the warriors have won
The fields have been resurrected, the tribes dance
And the borders in me fade away.

Tell me which direction you'll come from
When the velvet tamarinds flower on Pico São Tomé.

14

Ainda te lembras da tribo azul?
Sua fuga do país das pedras frias?
Sua marcha incessante além dos dias?
O arco-íris no encalço dos seus guias?
As muralhas de hossana e alquimia?

Lavrar caminho tendo o sol por companhia.

14

Do you still remember the blue tribe?
Their flight from the country of cold stones?
Their incessant march beyond the days?
The rainbow in pursuit of their guides?
The walls of hosanna and alchemy?

Plowing a path with the sun for company.

15

Vamos ver o deserto, pediste, os beduínos não partiram.

O oásis à nossa beira mas a lembrança do mar nos perseguia.

15

Let's go see the desert, you asked, the Bedouins did not leave.

Even beside the oasis, the memory of the sea pursued us.

16

Há velas a hastear
Ignotos promontórios
Os cabos da boa esperança.

Não mais timoneiros perdidos
Rotas equivocadas
Se a praia guarda da bússola os segredos.

Vem beijar o sal nas minhas tranças
Desatar a vida nestas algas
Vem indagar dos prodígios desta dança.

Vem agora que os corsários partiram
Com espadas de bruma e fantasia.

Vem libertar o grito dos afogados
Neste ilhéu inesperado.

Silêncio de abrigo à tua chegada.

16

There are sails to raise
Unknown promontories
Capes of good hope.

No more lost helmsmen
Mistaken routes
If the beach withholds its secrets from the compass.

Come kiss the salt in my braids
Unleash the life in this seaweed
Come inquire about the wonders of this dance.

Come now that the corsairs have left
With swords of mist and fantasy.

Come liberate the shrieks of the drowned
On this unexpected island.

Silence a shelter upon your arrival.

17

Desfraldo a cor dos dias na colina
Aqui onde a casa permanece
Erguida sob a copa dos coquieros.

De verde se enfeitam os caroceiros
Roseiras e califas debruam a varanda
E a pressa é irmã de minha mãe.

Eis a casa na colina à tua espera
Guardo da avó a paciência
Mas tomba sobre nós o peso desta sombra.

Fecharemos as janelas deste quarto?

Fugiremos dos estrondos?

Mariam foi raptada, não voltará da escola
Com seu lenço de seda e de confiança
A caneta carregada de promessa.

E a pergunta nos invade e atravessa:

Ainda nos poderemos amar?

Salvar-nos-emos dos abismos da surdez?

Aberta deixaremos a janela.

17

I unfurl the days' color on the hill
Here where the house remains
Built beneath the canopy of the coconut palms.

The caroceiros are adorned in green
Rose and copperleaf hem in the veranda
And haste is my mother's sister.

There's the house on the hill waiting for you
I practice my grandmother's patience
But the weight of this shadow falls upon us.

Shall we close the windows in this room?

Shall we flee the rumbling?

Mariam was kidnapped, she won't come home from school
With her trusty silk scarf
Her pen charged with promise.

And the question invades and traverses us:

Will we still be able to love each other?

To save ourselves from the abyss of deafness?

We will leave the window open.

18

Enfrentamos distâncias milenares
Para ver nascer o sol a oriente
Porém quando alcançámos o Eufrates
Todas as estátuas haviam sido demolidas.

18

We endured ancient distances
To see the eastern sun be birthed
Yet when we reached the Euphrates
Every statue had been toppled.

19

Uma variação sobre "The Negro Speaks of Rivers"

E eis que um poeta nos fala de rios.

Um poeta nos fala de rios
Anteriores ao percurso do sangue nas veias humanas.

Também em ti as eras do Nilo banhando as pirâmides
Também as nossas veias inundadas pelo Congo . . .

A voz do Mississípi descendo até Nova Orleães
O Mississípi cantando sempre até Nova Orleães . . .

Um poeta embebe a profundidade dos rios ancestrais
Quando despimos a solidão no leito do Kwanza.

19

A variation on "The Negro Speaks of Rivers"

And there is a poet who speaks to us of rivers.

A poet speaks to us of rivers
Older than the coursing of blood through human veins.

Also in you the ages of the Nile bathing the pyramids
Also our veins flooded by the Congo . . .

The voice of the Mississippi descending toward New Orleans
The Mississippi always singing toward New Orleans . . .

A poet imbibes the depths of ancestral rivers
When we disrobe the solitude in the Kwanza's bed.

20

Falo-te agora de um rio em mim nascente
Lodo e agrião, ondas mansa em corrente
Um rio recôndito como o coração da ilha.

Água Grande não tão Congo não tão Nilo
Água Grande sem canoas nem regatas, apenas rio
Cumprindo no mar seu destino de água.

Mas tu que conheces todas as cidades
Tu de tantos rios peregrino habitante
Não conheces o rosto da minha cidade
Não conheces o rio no corpo da minha cidade.

Água Grande além de todas as viagens
Rio apenas, irmão de todos os rios.

20

I speak to you now of a river springing from me
Mud and watercress, a current of gentle waves
A river recondite like the island's heart.

Água Grande not so Congo not so Nile
Água Grande with no canoes or regattas, barely a river
Fulfilling its destiny as water in the sea.

But you who know every city
You pilgrim resident of so many rivers
You do not know my city's face
You do not know the river in my city's body.

Água Grande beyond all travel
Barely a river, brother of every river.

21

Rasguei os postais.
Nada é tão real como estar aqui.

21

I tore up the postcards.
Nothing is so real as being here.

22

Nada é tão real como esta morada de esplendor e solidão
Onde recusamos atraiçoar a promessa da luz.

Anunciados fomos antes de erros, enganos e perfídias.

Uma a uma apagaremos as estrelas de mentira
Removeremos dos caminhos o lixo e os entraves
Abraçaremos as lavras, sacudimos dos livros a poeira.

Nenhum vestígio dos altares erguidos a deuses absurdos.

Recomeçamos — artesãos da nossa redenção.

22

Nothing is so real as this dwelling of splendor and solitude
Where we refuse to betray the light's promise.

We were heralded before errors, deceits, and treacheries.

One by one we will extinguish the false stars
We will remove the litter and obstacles from the path
We will embrace the furrows, shake the dust off the books.

No vestige of the altars raised to absurd gods.

We start over—artisans of our redemption.

23

Maravilhados ante a nossa inteireza
Caminharemos rentes aos coqueirais
Afastados das quimeras do outono.

23

Awed before our wholeness
We will walk alongside the coconut palms
Far from the fantasies of autumn.

24

Vem testemunhar este ingente nascimento
Esta aprendizagem de audácia e paciência.

O leite das mães tem a pureza das fontes puras
As manhãs nascem sempre repentinas
São benignas as florestas
E o mar faísca de inusitadas ofertas.

Tão tépido o ar, tão doce a doçura desta aragem
Tanto agora neste casal de adolescentes que se entreolha
sobre o muro da Baía . . .

E contudo, tanto leme derramado, quanta perda e tanta busca no rumo
deste remo . . .

Eis a casa que me habita, árdua herança que me instiga
Irrevogável projecto de prumo e claridade.

Diz-me do duro caroço dos frutos inexoráveis
Diz-me apenas das vértebras da montanha.

Aqui onde o Atlântico será sempre azul
Aqui onde os turistas ascendem a um neutro paraíso.

24

Come witness this tremendous birth
This audacious, patient apprenticeship.

Mothers' milk has the purity of the purest springs
The mornings are always born suddenly
The forests are gracious
And the sea sparkling with unusual offers.

So tepid this air, so sweet the sweetness of this breeze
So much now in the teenage couple gazing into each other's eyes
on the Bay's seawall . . .

And yet, so much spilled rudder, so much loss and so much searching in
the tack of this oar . . .

There's the house that inhabits me, arduous inheritance that urges me on
Irrevocable project of plumbline and clarity.

Tell me about the hard pit of inexorable fruits
Just tell me about the mountain's vertebrae.

Here where the Atlantic will always be blue
Here where the tourists ascend to an impartial paradise.

25

Sente a minha dor e o meu aroma
A fragrância desta oceânica varanda.

Aqui não há jardins ilegais, brotam telas das orquídeas
Perseguimos a flor azul que não se encontra nunca.

Conheço os sortilégios de todas as plantas
Herdei os dedos e segredos das avós
Bebi o portentoso suco da maioba
Sei que o perfume da xalela incensará eternamente o meu quintal.

Entendes porque são verticais as minhas veias?
Esta sugestão de caule nas minhas pernas?

Amarei também as flores do teu nome
Buscarei a beleza de outros jardins.
Eu que percorri tantos mares e lugares
Transmutada em semente da minha própria raiz.

25

Feel my pain and my scent
The fragrance of this oceanic veranda.

There are no illegal gardens here, paintings blossom from the orchids
We hunt the blue flower never to be found.

I know the spells of every plant
I inherited the fingers and secrets of grandmothers
I drank the portentous juice of the mayoba
I know that the xalela's perfume will eternally incense my courtyard.

Do you understand why my veins are vertical?
My legs' suggestion of a trunk?

I will also love the flowers of your name
I will seek the beauty of other gardens.
I who roamed so many seas and places
Transmuted into the seed of my own root.

Novos Poemas

New Poems

De Barro e Centelha

Chegam de longe no encalço de sonhos invencíveis
Suas mãos derramam uma plasticidade de barro e centelha.

Of Clay and Sparks

They arrive from afar in pursuit of invincible dreams
Their hands shed the pliancy of clay and sparks.

A Flor

A mãe plantou-a numa manhã de domingo.
Sem raiz, tenra estaca colhida do caule-mãe.
Algo seco, arenoso, o terreno pouco prometia —
uma sugestão de deserto num dos cantos do quintal.
Era gravana.
Havia, porém, um regador verde.
E dos dedos da mãe, da sua direita mão
escorriam, todos os dias, cuidado e precisão,
um riachozinho de fé.
Ah! Como o mortífero amor do sol intimava a
languidez das folhas!
Que duelo aquele!
Que corpo-a-corpo!
Por cada broto anunciado, sobre si próprio enrolado,
duas orelhas ressequidas, vencidas.
Dias, semanas, meses e não cessava o duelo.
Dias, semanas, meses, entre o sol e a raiz
a mão direita da mãe interpunha um frescor de teimosia.

Foram dias, semanas, meses.

Quando exatamente, ninguém viu.
Uma constelação de inteiras folhas restolhava mansamente
bailava, iridiscente, sob a luz do sol.

Nenhuma orelha ressequida.

Ainda era gravana e ouvia-se o espantado sussurro da brisa.

The Flower

Mother planted it one Sunday morning.
Rootless, tender cutting taken from the mother-stem.
Somewhat dry, sandy, the terrain promised little—
a suggestion of desert in one corner of the courtyard.
It was dry season.
There was, however, a green watering can.
And from mother's fingers, from her right hand
flowed, every day, care and precision,
a trickle of faith.
Ah! How the sun's murderous love intimated the
languor of the leaves!
What a duel!
What hand-to-hand!
For each heralded bud, wrapped around itself,
two withered, defeated ears.
Days, weeks, months and the duel didn't end
Days, weeks, months, between the sun and the root
mother's right hand interposed a fresh gust of defiance.

It was days, weeks, months.

When exactly, no one saw.
A constellation of full leaves gently rustled
danced, iridescent, beneath the sunlight.

Not a single withered ear.

It was still dry season and you could hear the startled whisper of the
   breeze.

A Cabana

Não mais promontórios, colinas, montanhas
Não mais a imensidão de dunas e continentes
Não mais o perfil da interdita cidade
Suas ruas sussurrantes, as estátuas caladas.

Sem cessar procuro a cabana de portas caiadas
A canção da bigorna, o odor do vento
Aquele colar de conchas multicores
O caminho virado para o Barlavento.

Ancoro o meu corpo na reinvenção das horas.

Ah!
Tocar fundo a doçura da vaga
Cruzar com a onda a distância
Que o azul povoa . . .

Mas o mar é apenas uma enorme lágrima
Onde mergulho os olhos
Na recusa frontal do adeus e do olvido.

The Hut

No longer promontories, hills, mountains
No longer the immensity of dunes and continents
No longer the silhouette of the forbidden city
Its whispering roads, its silent statues.

I constantly look for the hut with the whitewashed doors
The anvil's song, the wind's scent
That necklace of colorful shells
The path facing Barlavento.

I anchor my body in the reinvention of time.

Ah!
To deeply touch the wave's sweetness
To ride the surge across the distance
Populated by blue . . .

But the sea is just a giant tear
Where I plunge my eyes
In my head-on rejection of farewell and oblivion.

Arquipélago da Palavra

Cinco letras e todas as ilhas do mundo.
Cinco letras e o mundo um arquipélago.
O teu nome — arquipélago da palavra.

The Archipelago of the Word

Five letters and all the world's islands.
Five letters and the world an archipelago.
Your name—the archipelago of the word.

Letra a Letra

Nunca mais escreverás um poema de amor.
Disseste-o?
A palpitação de um fruto túrgido
Trespassado pelo frio.
Não sei se o disseste.
Que importa?
Invoco o nome que te dei
E na tua fronte se instala uma ruga luminosa.
A silhueta do irmão amado que não conheci.
O poema, o poema, o poema.
Ah! O poema!
A música nos interstícios de um país azul.
Pode o amor vencer a ondulante fixidez do oceano?
Pode a memória recusar o pendor dos dias ano a ano?
Que importa?
Não arrefece na voz dos dedos
A lembrança da promessa —
Latejante juramento.
Qualquer coisa bendita e indestrutível
Perdura na morada do silêncio.

Letter by Letter

You'll never write a love poem again.
Did you say that?
The throbbing of a swollen fruit
Pierced by the cold.
I don't know if you said it.
What does it matter?
I invoke the name I gave you
And a luminous wrinkle appears on your forehead.
The silhouette of the beloved brother I never knew.
The poem, the poem, the poem.
Ah! The poem!
The music in the interstices of a blue country.
Can love conquer the ocean's undulating fixity?
Can memory refuse the pendulum of days from year to year?
What does it matter?
The memory of the promise—
Throbbing oath—
Does not cool in the fingers' voice.
Anything blessed and indestructible
Endures in the dwelling of silence.

Inominável

Coroa-te a implacável beleza da lava
És dual
Repentino vulcão ou uma onda beijando
As Sete Pedras.
Eras tu a minha ilha perdida?
Existe a palavra ilhoa?
Nesta roça sobre o mar debruçada
Quem plantou o fulgor revolto dos teus cabelos?
E a imortal estrela no cerne da tua testa?
Quem acendeu na minha mão
As fímbrias do teu coração?
Quantos promontórios entre nós e aquela praia deserta
No extremo da Ásia Maior?
Dissemos Ásia?
Ou a Mesopotâmia revisitada?
Onde revelas a nudez de Afrodite?
As águas varrem a distância entre os cabos
E as ilhas dançam.
Uma a uma as conheces e as nomeias
A reverberação do mar a tua voz permeia.
Mas moras em todos os continentes.
Que tribo acolhe o baile das vogais
A irreverência do verbo na tua tenra pele de papiro?
Por que dissolves, ao alvorecer, as fronteiras
E te ergues, múltiplo, no topo de cada página em branco?

Unnameable

The relentless beauty of lava crowns you
You're dual
Abrupt volcano or a wave kissing
Sete Pedras.
Were you my lost island?
Does the word "ilhoa" exist?
On this plantation bent around the sea
Who planted the riotous glow of your hair?
And the immortal star at the center of your forehead?
Who lit the edges of your heart
In my hand?
How many promontories between us and that deserted beach
On the edge of Asia Mayor?
Did we say Asia?
Or Mesopotamia revisited?
Where do you reveal Aphrodite's nakedness?
The waters sweep the distance between the capes
And the islands dance.
One by one you know them and you name them
The sea's reverberation permeates your voice.
But you live on every continent.
What tribe welcomes the dance of vowels
The irreverence of the verb on your tender skin of papyrus?
Why do you dissolve, at dawn, borders
And rise, manifold, at the top of every blank page?

Epitáfio

Alto era e belo e poderoso
O poderoso rei de um poderoso reino.
Suave, o sorriso convidava — os olhos perscrutavam.
Diz-se que era de poucas falas, poucas alas.
Teria asas? Cismavam súbditos.
De ferro o trono, proclamavam ditos.
Grande e imponente fulgia o palco
Sua sombra lhe definia o centro
Sua aparição irradiava silêncio.

Dos seus passos levitavam invisíveis crinas
Lentos, majestosos, calculados passos
Lentos, incensados, venerados passos.

Alto era e belo e poderoso
Poderoso rei de um postergado reino
Poderoso rei de um recurvado reino.

Nem búzios, nem sinal, bola de cristal.

Vidente alguma lhe leu a sina
Nenhuma cartomante o preveniu
Que a eternidade não seria sua madrinha.

O tempo, soberano, corroeu-lhe a coroa
Desmoronou-se o palco, esvaiu-se a torre
De um alto e belo e poderoso rei.

Poderoso rei de um postergado reino
O poderoso rei de um poderoso reino.

Epitaph

He was tall and handsome and powerful
The powerful king of a powerful kingdom.
His gentle smile was inviting—his eyes searched.
It's said that he was a man of few words and few factions.
Did he have wings? His subjects brooded.
His throne's made of iron, the slogans proclaimed.
The podium glowed, grand and imposing
His shadow defined the center
His apparition radiated silence.

Invisible horsehairs rose from his steps
Slow, majestic, calculated steps
Slow, revered, venerated steps.

He was tall and handsome and powerful
Powerful king of a postponed kingdom
Powerful king of a kneeling kingdom.

Neither whelks nor symbols, crystal ball.

Some soothsayer read him his fortune
No clairvoyant warned him
That eternity would not be his godmother.

Time, sovereign, has corroded his crown
A tall and handsome and powerful king's
Podium has collapsed, his tower has vanished.

Powerful king of a postponed kingdom
The powerful king of a powerful kingdom.

A Lição dos Pássaros

Nesta casa resistem as cores do arco-íris. Vagarosamente agasalhamos lembranças, as promessas sagradas. Vagarosamente. Temos em cada mão uma manhã solapada, teimosamente ensolarada e não nos despediremos nunca do brilho das estrelas. Sabemos o que sabemos no recolhimento da neblina. Sabemos o que sabemos nesta adversa luminosidade. Os pássaros. Os pássaros. Os pássaros. Os pássaros de asas prateadas que regressam exaustos de longínquos desertos trazendo nos bicos rebentos de folhas de palmeiras. Pousam sobre as árvores salpicando sobre nós e as coisas as gotas de um oásis. Cantam. E neste lugar onde resguardamos as promessas sagradas, um rasto de luz e de sombra nos acompanha, um rasto de sombra e de luz nos adverte. Qualquer ambiguidade é um sóbrio chamamento: não há desterro para a palavra.

The Birds' Lesson

In this house the rainbow's colors rebel. Slowly, we bundle up our memories and sacred promises. Slowly. In each hand we have a shabby morning, stubbornly sunny, and we will never say goodbye to the brilliance of the stars. We know what we know in the fog's seclusion. We know what we know in this harsh luminosity. The birds. The birds. The birds. The birds with silvered wings who return exhausted from faraway deserts carrying shoots of palm leaves in their beaks. They perch above the trees, splattering us and everything else with drops from an oasis. They sing. And in this place where we guard the sacred promises, a trace of light and shadow accompanies us, a trace of shadow and light warns us. Any ambiguity is a sober summons: there is no banishment for the word.

Como uma Oração

Não, não creio em funestos vaticínios
Não creio no prenúncio de novas tormentas
Não creio no extermínio do verbo.

Creio na frágil asa da mariposa
Creio na luminosidade do provérbio
Creio na convocação da nossa sede
De urgência e claridade.

E creio em ti, mãe — na alvura das tuas tranças
Teu pecúlio de amor e saudade
Teu antigo despertar, o som dos chinelos na cozinha
O cheiro do café espalhado pela casa
O alimento justamente repartido.

Creio no sol que banhará sempre o teu perfil —
Límpido reflexo da cidade procurada.

Like a Prayer

No, I don't believe in ominous predictions
I don't believe in the harbinger of new storms
I don't believe in the extermination of the word.

I believe in the butterfly's fragile wing
I believe in the light of the proverb
I believe in the convening of our thirst
For urgency and clarity.

And I believe in you, mother—the whiteness of your braids
Your nest egg of love and longing
Your ancient awakening, the sound of your slippers in the kitchen
The smell of coffee spreading through the house
The food justly distributed.

I believe in the sun that will always bathe your profile—
Clear reflection of the sought-after city.

Insónia

Pelas frestas da janela entram transeuntes
Díspares vozes, murmúrios, imprecações
Talvez a evocação de um deus ausente.
Um grito?
Esta casa é uma rua que não pode ser trancada.

Insomnia

Passersby enter through the cracks in the window
Disparate voices, murmurs, imprecations
Perhaps the evocation of an absent god.
A shout?
This house is a road that cannot be locked shut.

Palavras Imprescindíveis

Quando emergiu do morno ventre
A tenra pele untada do materno sangue
Sua cor era igual às cores de todos os bebés
As cores de todos os filhos dos homens e mulheres
De todas as cores
Nada sabia de raças, cativeiros, fronteiras
Nada sabia de países, fortificadas cidades, continentes
Nada sabia de balas, mísseis, massacres
Nada sabia das grandes fomes
Nada sabia do apelo à tirania
O mundo palpitava no seio de sua mãe
Palavras lhe eram ainda estrangeiras:
Ódio, solidão, devastação
Muralhas, savanas em chamas
Florestas chacinadas
Porém dos olhos de sua mãe sorvia a palavra amor
E o amor na doçura daquele olhar
Derramava paz sobre o universo que o acolhia
Nas mãos de sua mãe
Límpidas eram as mãos dos homens e a máquina do mundo.
Na doçura daquele olhar primeiro
Aquele olhar inteiro
Um chamamento de jardins e pomares
Caminho aberto de futuro e de concórdia

Marchou o tempo e seus ditames
Marcharam os dias na voz dos astros
As andorinhas emigraram da sua infância
Mas não renunciou à luz das estrelas em seu redor

Essential Words

When he emerged from the warm womb
Tender skin smeared with maternal blood
His color the same as every baby's
The colors of all children of men and women
Of every color
He knew nothing of races, captivity, borders
Nothing of countries, fortified cities, continents
Nothing of bullets, missiles, massacres
Nothing of great famines
Nothing of the allure of tyranny
The world throbbed in his mother's breast
Words were still foreign to him:
Hatred, loneliness, devastation
Walls, blazing savannahs
Butchered forests
But from his mother's eyes he sipped the word love
And the love in the sweetness of that gaze
Shed peace over the universe that welcomed him
In his mother's hands
The hands of men and the machinery of the world were pure
In the sweetness of that first gaze
That full gaze
A summons to gardens and orchards
Open path toward future and harmony

Time and its dictates marched on
The days marched on in the voice of the stars
The swallows migrated from his childhood
But he did not renounce the starlight that surrounded him

Conheceu o enigma dos grandes barcos
Negreiros barcos, tenebrosos campos
Conheceu das pedras a mudez intacta
A tenacidade da lua em noites frias
A bondade do sol em claros dias

Com os dias foi crescendo, foi crescendo
Com o tempo aprendeu que os tempos mudam
Com o tempo aprendeu que o mundo gira

Os nomes das coisas lhe foram ensinados
Palavras doces, palavras altas
Acesas palavras, mais altas que os mastros
Amargas palavras no som das rajadas

No papiro escreve agora o nome daquela ilha
Enquanto costura as fissuras entre os continentes

Porque passo a passo o tempo lhe diz
Que seu destino de humano é moldar o tempo
Sua sina de vivente discernir seu templo

Escrutinar o sentido das palavras difíceis
Plantar no umbigo do mundo o amor das palavras imprescindíveis

10.12.2022

He learned the enigma of great ships
Slave ships, sinister fields
He learned the pristine muteness of the stones
The moon's tenacity on cold nights
The sun's kindness on clear days

With each day that passed he grew and grew
With time he learned that times do change
With time he learned that the world turns

He was taught the names of things
Sweet words, noble words
Fierce words, higher than masts
Bitter words in the uproar of gusts

Now he scrawls that island's name on papyrus
While stitching the fractures between continents

Because step by step time tells him
That his human destiny is to shape time
His living fate to discern its temple

To scrutinize the meaning of difficult words
To seed the belly of the world with the love of essential words

12.10.2022

Notes

While minor adjustments have been made to ensure the consistency of punctuation within individual poems, this volume reflects the poet's experimentation and evolving use of punctuation over the course of her writing.

Motherland
"Obô" is a Forro word meaning jungle.

1975
São Tomé and Príncipe achieved independence from their Portuguese colonizers on July 12, 1975.

The J Generation ("generación jota") was the youth wing of the Movement for the Liberation of São Tomé and Príncipe (MLSTP), the political party that led the country to independence.

The caroceiro is an ornamental tree in São Tomé, popular for its fruit.

Show Me the Moon's Blood
Every February 2 and 3, Santomeans join the marcha de liberdade, the freedom march, a trek of more than twelve kilometers from São Tomé to the village of Fernão Dias, site of a notorious labor camp during the insurrection of 1953. Today those dark times are commemorated with traditional music, a special dance called puíta, and dramatic storytelling.

Afroinsularity
Jewish children, forcibly separated from their parents, were among the first forced laborers to be brought to São Tomé and Príncipe by the Portuguese.

Paços natalícios, here translated "roadside Christmas shrines," are a uniquely Santomean Christmastime tradition. These dollhouse-sized shrines are erected during the days before and after Christmas. Lit by a palm oil torch crafted from a papaya, they are typically filled with fruit as an offering to the Christ child.

The ússua is a traditional dance from São Tomé, characterized by its extensive swaying and curtsying, especially by male dancers.

"Zêtê d'óchi" is the Forro word for olive oil.

"Témpi" and "ubaga téla" are the Principense and Forro words, respectively, for the traditional clay cooking pots used on the islands.

Calulu is a typical Santomean food, consisting of a smoked fish stew with seasonal vegetables and palm oil.

Dark Song to My Roots
Alex is a reference to African American writer Alex Haley (1921–1992), author of the influential *Roots: The Saga of an American Family*, in which he returns to the village of Juffureh, where his ancestor Kunta Kinte was kidnapped in the Gambia in 1767 to be trafficked to the Province of Maryland to be sold as a slave.

The Ogooué is the principal river of Gabon.

James Island, also known as Kunta Kinteh Island, sits thirty kilometers from the mouth of the Gambia River. It played an outsize role in the West African slave trade.

Gorée Island, only two kilometers from Dakar's primary harbor, also played an outsize role in the Atlantic slave trade and is often referred to as the gates of hell or gateway to hell.

Água Grande is a Santomean river.

M'banza-Kongo, known as São Salvador by its Portuguese coloniz-ers from 1570 until 1975, is the capital of Angola's northwestern Zaire Province.

"San" is a Forro honorific for females (the equivalent of "senhora" in Portuguese).

"Pãuen" is Forro for "monster." The word is commonly believed to be derived from the name of the Pahuin, one of many tribes taken to São Tomé as slaves, who were known for their alleged cannibalism.

The "Promontory of Blood" ("promontório do Sangue") likely references Promontório de Sagres, a common point of departure for the colonizers of the Portuguese "Age of Discovery."

The Império was a famous steamship that traveled between Lisbon and São Tomé in the 1960s.

Katona and Kalua were two well-known indentured servants, the former captured in Angola, the latter in Mozambique, who worked Santomean plantations for several decades, beginning in the 1940s.

Chica is a common woman's name in Cabo Verde, and the nha prefix indi-cates respect.

Love of the River
"Ndombó" is the Forro word for "a fresh shoot of palm leaf."

The Gift
"Yé" is the Forro name for the island of Príncipe.

Kwame

Kwame Nkrumah (1909–1972) was a Ghanaian politician, political theorist, and revolutionary. He was the first prime minister and president of Ghana, after leading the Gold Coast to independence from Britain in 1957.

Mwalimu

Julius Kambarage Nyerere (1922–1999), often known by his nickname Mwalimu, was a Tanzanian anti-colonial activist, politician, and political theorist. He governed Tanganyika as prime minister from 1961 to 1962 and then as president from 1962 to 1964, after which he led its successor state, Tanzania, as president from 1964 to 1985.

Congo 1961

Patrice Émery Lumumba (1925–1961) was a Congolese politician and independence leader who served as the first prime minister of the Democratic Republic of the Congo (then known as the Republic of the Congo) from June until September 1960. A member of the Congolese National Movement (MNC), he led the MNC from 1958 until his execution in January 1961.

All of Cabral's Deaths and a Mountain

Amílcar Lopes da Costa Cabral (1924–1973) was a Bissau-Guinean and Cabo Verdean agricultural engineer, intellectual, poet, and revolutionary. Also known by the nom de guerre Abel Djassi, Cabral led the nationalist movement of Guinea-Bissau and Cabo Verde and fought in the ensuing war of independence in Guinea-Bissau. He was assassinated on January 20, 1973, about eight months before Guinea-Bissau's unilateral declaration of independence.

Madina do Boé is a city and region in Guinea-Bissau, where, on September 24, 1973, in the town of Lugajole, the country unilaterally declared its independence, electing Luís Cabral as president.

Bafatá is Cabral's birthplace.

"The green resurrection of the cape" refers to Cabo Verde, hence Lima's capitalization in the Portuguese.

Cravid was a survivor of the Batepá massacre in 1953, when the colonial administration and Portuguese landowners of São Tomé murdered hundreds of Forros.

Pauline refers to Pauline Opango Lumumba (1937–2014), a Congolese activist and the wife of Patrice Lumumba.

In the Name of My Brothers
"Palayê" is the Forro word for a vendor or salesperson, typically in the market or on the street.

When Velvet Tamarinds Flower on Pico São Tomé

11
"Trova" refers to a style of Cuban popular music.

25
Mayoba is the name of a common ornamental bush in São Tomé.

"Xalela" is the Forro word for lemongrass.

Unnameable
The word "ilhoa," though very obscure, does, in fact, exist in the Portuguese language, and means "daughter of the island."

Acknowledgments

Thanks to the editors of the following magazines for publishing these poems, sometimes in earlier drafts:

Jai-Alai: "The Legend of the Witch" and "Heroes"
The Literary Review: "Circum-navigation," "The Other Landscape," and "The Stone's Voice"
The Missing Slate: "We Found the Song"
World Literature Today: "Archipelago," "Undeniable," "Travelers," "Statues," and "Metamorphosis"
Poetry in Action (Action Books): "Plantation," "Proposal," "The Vendor," and "Inheritance"
Words Without Borders and Poets.org (Academy of American Poets): "Afroinsularity"

•

Thanks to the editors of *Harriet* (Poetry Foundation) for publishing my essay "São Tomé Notebook," which includes an excerpt from "Afroinsularity" and video poems including "Archipelago" and "Statues."

Thanks to Airea D. Matthews for selecting "Afroinsularity" as a winner of the 2021 Words Without Borders—Academy of American Poets Poems in Translation Contest.

Thanks to the National Endowment for the Arts, whose 2017 Translation Fellowship enabled me to travel to São Tomé for the first time.

Thanks to Avenida and A Baya da Bôe, our offices in São Tomé.

Thanks to Alana Marie Levinson-LaBrosse and Archie Lyle Tomales Shook, who lent me their ears when I came to doubt my own. Thanks to Horace Ballard, for their forecast and mollification. Thanks to Joaquim Arena, for his deep knowledge of Portuguese and generosity in sharing it. Thanks to Linda Stack-Nelson, for their infinite patience and keen eye.

•

Thank you, Conceição, whose ear for English I often suspect surpasses my own, for your patient guidance and enlightening conversation, whether in Portuguese, English, Spanish, or the strange poets' creole we've developed for ourselves.

Biographical Information

Conceiçao Lima was born in 1961 in the island nation of São Tomé and Príncipe, where she resides today. She studied journalism in Portugal and attended graduate school in London, where she later worked as a producer at the BBC's Portuguese Language Service. She has published four books of poetry: *O Útero da Casa* (*The Womb of the House*) in 2004, *A Dolorosa Raiz do Micondó* (*The Painful Root of the Micondó*) in 2006, *O País de Akendenguê* (*The Country of Akendenguê*) in 2011, and *Quando Florirem Salambás no Tecto do Pico* (*When Velvet Tamarinds Flower on Pico de São Tomé*) in 2015. Her work in Shook's translation has appeared in the *Literary Review*, *Jai-Alai*, and *World Literature Today*.

Shook is a poet and translator whose work with Conceição Lima has been recognized with a 2017 Translation Fellowship from the National Endowment for the Arts and as a winner of the 2021 Words Without Borders—Academy of American Poets Poems in Translation Contest.

Printed in the USA
CPSIA information can be obtained
at www.ICGtesting.com
JSHW020302230224
57879JS00005B/5

9 781646 053322